**PRAISES FOR THE BOOK:**

By focusing on the narrator's self-absorbed quest for erotic and intellectual fulfillment, Edna Wu's "Memoir" offers a new slant to the currently urgent question of how the latest generation of Chinese immigrants can find home in America. One can read this breathless work as a modern-day update of Ding Ling's celebrated *Diary of Miss Sophie*.

**—Jonathan Spence　　Yale University**

通过叙述者对性爱及文化经历的自我解剖式探索，逸韵的“回忆录”提供了一个了解最新一代中国移民的新角度，如何使他们适应美国是当前的一个迫切问题。这本小说可以当成丁玲著名的《莎菲女士的日记》的现代本来读，令人怦然心跳。

**——著名历史学家美国耶鲁大学史景迁教授**

In both form and content, what an unusual combination of prose and poetry, eros and logos, America and China, Edna Wu has given us!

**—Michelle Yeh　　University of California, Davis**

无论在形式还是内容上，逸韵给我们提供了多么不寻常的散文与诗歌，爱欲与象征，美国与中国的组合啊！

**——美国加州大学戴维斯分校奚密教授**

A short modern version of *The Tale of Genji*, Edna Wu's *Clouds and Rain* has done more than the Heian classic of Japan did on the subject of sex and passion.

**—Fatima Wu, Loyola Marymount University**

逸韵的《云雨情》可称为《源氏物语》的现代袖珍版，此书已超过日本平安时代经典关于性和情的主题。

**——美国洛约拉玛利曼大学法蒂玛·吴**

# ACKNOWLEDGEMENTS

Joseph Brodsky's poem "New Life," from which I quoted two lines, was translated by David MacFadyen and the author first published in *The New Yorker*, April 26, 1993. The two poems by Mei and "The Family Tree" were written by my daughter Lin Jin. Among my poems, "Chinese Love," "At Clarion Cemetery," "Birch" appeared in *The Pen* (The PBC, Newport News); "Follow Me" in *Lines and Ribbons* (*Lavender Letter*); and "Nothing but a Kite" in *Collages and Bricolages*. Several of my other poems, which first appeared in anthologies or other poetic collections, have been used in this novel in their revised form. I thank the world renowned historian Jonathan Spence and the famous scholar in Chinese poetry Michelle Yeh for their insightful comments. I also thank Fatima Wu and *World Literature Today* for permitting the use of Fatima Wu's book review as Preface in this edition. The frontcover image is from the famous painting by Fu Baoshi in 1954, titled "Nine Songs: Goddess of Clouds."

YUNYUQING: CLOUDS AND RAIN (云雨情 Chinese Version) is translated from *Clouds and Rain: A China-to-America Memoir* by the author with revisions.

*Clouds and Rain: A China-to-America Memoir* is a fictional memoir first published by Evanston Press in 1994. Its characters, places, and incidents are either fictional or used fictitiously, and their resemblance, if any, to real-life counterparts is entirely coincidental. Any references to historical events, to real people, living or dead, or to real locales are intended only to give the work a sense of reality and authenticity.


First Chinese Edition: May 2015
Printed April 2016 in the United States of America

Paperback
ISBN-10: 1632270579
ISBN-13: 978-1-63227-057-3

To order copies: nworldedit@hotmail.com

# Yunyu Qing: Clouds and Rain

## Chinese Version

从中国到美国的情爱历程

**Edna Wu** 逸韵

New World Poetry

新大陆丛书

No.36

# CLOUDS AND RAIN

Edna Wu

*In the new life, a cloud is better than the bright sun.*
*The rain, akin to self-knowledge, appears perpetual.*

***— Joseph Brodsky***

在新生活中，云要比眩目的太阳好;
雨，似自我认识，显得无止无休。

**——约瑟夫·布洛斯基**

At dawn you are morning clouds;
At dusk you turn into moving rain.

***— Song Yu***

旦为朝云，暮为行雨。

**——宋玉**

To Love

## ***A Skyscraper***

*On the debris of the guttural ruins*
*rises the modern Babel*
*boasts of dribbling the ball of meta-reality*
*in a labial model*
*but scrapes from the sky*
*nothing but air*
*in the sunlight*
*remains indeed*
*a Block*
*with a phoenix trail of*
***shadow***

--

=

•

献给爱情

## **摩天大楼**[1]

在嘎嘎作响的喉音废墟上
升起了现代巴比塔
夸口能以唇吻型
运形而上之球
但从天上刮到的
只有空气
而在阳光下
的确是一庞然
大物
拖着凤尾
**之美**
**影**
**-**
**=**
**。**

[1]这首诗正看是西方的摩天大楼，倒看却是中国塔。影射西方时髦的语言模式或后现代解构主义。

# CONTENTS 目录

# Foreword:
# A Short Modern Version of *The Tale of Genji*

A short modern version of *The Tale of Genji*, Edna Wu's *Clouds and Rain* has done more than the Heian classic of Japan did on the subject of sex and passion. In form and content, Wu's book is almost a replica of the Heian *monogatari*, in which events are narrated in episodic and diary style. Both female authors make heavy use of poetry as well as first-person narrative method. Yet *Clouds and Rain* contains a lot more than just love and marriage, which formed the core of life for Heian women.

This feminist book traverses two countries and two very different cultures, tied together by the single narrator "Yun". In Yun's memoir not only can we see the life of a Chinese intellectual female developing and maturing, but we can also witness the issues and problems a minority woman faces in the course of her emigration from one continent to another, and fights her way as a daughter, a wife, a mother, a graduate student, an assistant professor, a lover, and, most important of all, a woman. Her ordeal is one that is comparable to that depicted in *The Woman Warrior*, only on a more mature political and sensual level.

What is most valuable in the book is the narrator's discovery and understanding of her sexuality as a passionate woman. Although the depiction of Yun's relationship with her various lovers in graduate school in America puts the book under the risk of being read as erotica, it is exactly through these rambling orgies that the narrator finds meaning and peace in her existence. Furthermore, this bold aspect separates *Clouds and Rain* from all previous books written by Asian female writers. Never in history has an intellectual female writer, including Ding Ling, dared to discuss sexual taboos in such a public forum. If indeed this is a true memoir, the author has probably found encouragement and sympathy in Mishima's *Confessions of a Mask.*

Yun, on the eve of her awakening as an individual, comes only to a reluctant reunion with her husband Long. Upon her spiritual purification after she has left other men, she looks towards home, to her daughter Mei and legal spouse. Yet she cannot kiss him, indicating that the utopia she is attaining is only partial and superficial. Our narrator is still searching for her way, an intellectual and emotional puzzle waiting to be solved. A woman who lives on her poetry and esthetics is bound to suffer.

Throughout the book the reader is stimulated and entertained by the heavily symbolic poetry. Yun, who struggles through training in English and comparative literature, gives full justice to her literary talents in these verses. The memoir as a whole stands as a complete literary novel dealing with feminine quest toward personal peace and happiness.[2]

Fatima Wu
Loyola Marymount University

---

[2] Foreword is originally a book review by Fatima Wu, a critic who has reviewed numerous contemporary Chinese novels. Her review first appeared in *World Literature Today*, Vol. 69, No. 3, Multiculturalism in Contemporary German Literature (Summer, 1995), p. 645. Published by University of Oklahoma.

# 前言：《源氏物语》的现代袖珍版

法蒂玛 •吴
美国洛约拉玛利曼大学

逸韵的《云雨情》可称为《源氏物语》的现代袖珍版，此书已超过日本平安时代经典关于性和情的主题。在形式和内容上，逸韵的书几乎是平安物语人物故事叙述情节和日记风格的翻版。两位女作家都采用了大量运用诗歌以及第一人称的叙述手法。然而《云雨情》远远超越了单一的爱情和婚姻，而后者只是平安时代女性生活的核心。

这本女权主义的书穿越两国和两种截然不同的文化，是由唯一的叙述者"云"串连成一体的。从云的回忆录中，我们不仅可了解一位中国知识女性的成长和成熟的过程，而且可以见证作为少数族裔妇女的她，从一个大陆到另一个大陆的移民过程中所要面临的各种考验和问题，身为女儿、妻子、母亲、研究生、助理教授、情人，尤其是一个女人，云不得不豁出一条路来。她的艰辛绝不亚于汤亭亭的《女将》一书中的描写，却在政治和性感层面上显得更加成熟。

这本书最重要的价值就在于叙述者对自己作为一个充满激情和性欲骚动的女人的新发现和重新认识。虽然描绘云在美国研究生院读书时与她的各种情人的关系，会使此书受到被误读为纯色情书的风险，然而正是通过这些不断冲破束缚的性解放，叙述者发现她存在的意义和心理平衡。进一步说，也正是这种大胆突破的方面，使《云雨情》从以前所有亚洲女性作家们所写的书籍中分离出来，独放异彩。在历史上从来没有一个知识女性，包括女作家丁玲，敢于这样在公开论坛上讨论性禁忌。如果这确实是一部真实的回忆录，作者或许已从三岛的《面具忏悔录》那里找到了同情和鼓励。云终于觉醒，要变成一位感情、精神上都能独立的女子。 觉醒的前夕，她勉强与丈夫龙团聚了。她的心灵净化了，她离开了所有的情人，心归家了，和她的女儿玫同合法配偶在一起。然而，她不能亲吻龙，表明她不得不接受的乌托邦仅是局部的，表面的。我们的主人公仍在寻找她的出路，又一个智力和情感的迷魂阵等待着她去探索。一位沉浸在诗歌和美学生活中的女人是注定要遭受无休止的痛苦的。

此书满载极其象征性的诗歌，使读者从头到尾都会受到心灵波动和趣味享乐。逸韵是学英文和比较文学的，这些诗歌充分表现出了作者的文学才华。作为一个整体， 这本回忆录形成了一部女性探索个人幸福及精神和平的完整文学小说。[3]

---

[3]书评：《云雨情：中美回忆录 》。摘自《今日世界文学》，69 卷，德国及当代文学的多元文化专辑（1995 年夏），第 3 期，第 645 页 。 俄克拉荷马大学出版。

# 云雨情

## 第一章　展翅

### 一

“漂亮小姐 ，欢迎你到美国来！”一位胡子茬茬的大鼻子海关人员大声招呼云。

漂亮？我会漂亮？由生以来她只知道自己如果算不上丑，也只能是平庸。还算幸运，今日世界，无论东半球还是西半球，很多男人都学会了不以外貌取女人，而开始爱慕她们的某些品质和内心。漂亮脸蛋充其量只能是女人身上的一个小标签。不管怎么说，海关人员的恭维逗乐了云，她霎时有一种丑小鸭变天鹅的奇感。从此，天鹅的美丽翅膀从云心田里扑洒洒地展了起来。

海关的电子板上正闪烁着几个红字：1985 年 8 月 13 日。

过了海关，云一眼就看见苏珊和吉姆在朝她招手，真叫一帆风顺啊。

“你们猜那位海关人员叫我什么？”云掩饰不住心中的兴奋。

“中国小姐。”

“不，不。是漂亮小姐！”

“那有什么不行，你本来就很漂亮嘛。”苏珊和吉姆笑着说，好像这是一件很普通很家常的事。“哦，”云似乎明白了，也许中国与美国衡量美的标准不同，赞扬美的方式不同。中国善于掩饰自我或他人的美，而美国则善于表现自我或他人美。对啦，正如门肯辛辣的文章所披露，美国人有一种追求丑的利比多（欲望），云觉得很有意思。

## 二

大约三十六个小时以前。

云在北京和平里等开往清华园的公共汽车，街对面一位小伙子不停地打量她。是熟人吧？不对。云皱了下眉头，掉转了视线。好不容易挤上车后，定睛一看，那位小伙子正站在她的身旁。汽车颠簸了一站，两站，三站……

“清华园，下车！”售票员厉声厉气得像谁欠了她二百钱。

云慌忙挤下车，他也下了车。

“嘿，我叫杜明，是清华大学的研究生。”

“哦，好啊。我是从武汉来的，我姐姐住在清华校园里。”

“那么，你是来看你姐姐的了。我们今天晚上在清华池畔聊聊天吧？”

“为什么？”

“没什么，我只不过想认识你一下。”

云知道年轻人的鬼圈套，特喜欢给他们泼冷水。让男人把自己仅作为一个女性来追逐能不是一种耻辱吗？要想靠近我，你必须先了解我的内心世界，我的实质。

“知道吗？我已经三十多了，一个孩子的母亲。”

可他并没有表现出她所预期的失望。相反，他主动要帮云把行李掂到楼上去。当然，真让他掂的话，他准能一口气掂到六楼上。现在云拽着沉重的行李，一步一个脚印地爬，楼梯长得好像没有尽头。每上一层，她都要停下来，大口大口地喘气。当她终于爬上六楼，敲了敲601号门，她的头发和着汗水和灰尘贴在脸上。碰巧她姐姐在家，正忙着做晚饭呢。

“哎呀，你怎么不从火车站打个电话给我？看看你，像个大街上的叫花子。”姐姐一边大声招呼云，一边双手揉面，活像台机器。

“先淋个浴。你看，这是我的新公寓，等了四年才得到的。”

“淋浴？你有浴室了？”

“不是。是我自己在厕所里装的，简单又干净。只要把一大壶热水挂在管子上边，然后借用一下浇花的喷嘴，我就创造了现代化淋浴。你到了美国，就可以试试我的发明，没有专利。我的同事说，在国外你必须天天淋浴；否则，你会闻起来像发馊的中国菜。”

姐姐说起话来像打机关枪，不过她的手比嘴还快，从不浪费一分钟。当我淋完浴出来，桌子上已经摆满了饭菜，热气腾腾，融成一片蘑菇云，云雾上的水晶吊灯一定是姐姐用玻璃珠自己串的。

晚饭后，天渐渐黑了。 有人敲门，姐姐打开门时，云看见竟是杜明。“我们出去在外边散散步，好吗？”他目光直视，使云的“不”字一时跳不出口。姐姐给他一个大长脸，砰地一下关上了门。

“不乱来，就不会上臭男人的当。”姐姐编起生活谚语来，一套一套的。“记住，云，美国是一个自由世界，男人都没有道德约束，乱搞。你可要小心点！”

云在首都机场又碰到了杜明。

“啊，是你。”

“你去哪儿？”

“美国。”

“太棒了。我去普林斯顿大学读心理学博士。”杜明时髦地耸了下肩。

呵，这小伙子还没登上飞机，就开始练习开放型的恋爱了。

## 三

大概是时差和异地的关系，云在美国的第一夜怎么也睡不着。她不停地上厕所，马桶抽水的声音跟中国的差不多，可淋浴同她在伦敦见的一样舒服，有无穷尽的热水，不像姐姐家的大壶，头发还没冲干净就断水了。

美国的夜静得出奇，似乎连自己的胡思乱想都听得见。昨晚在北京云也没睡好，蝉的尖叫更强化了秋老虎的酷热。云在凉席上翻来翻去，她不停地想：我为什么决定去美国呢？逃避。像一个疯子追逐自己的影子，我大概在逃避自己吧。

去年，云参加了上海美国文学进修班，她同三位大学女教师住在一个房间里，她们是李洁、宋玲和蓝羽。三个女人一台戏，她们每天唱啊，笑啊，说啊，吃啊，逛街啊，活像一帮无忧无虑的少年。可是离进修班结束还差一个月，云接到份电报说小孩病了，就匆匆赶回了武汉大学。回来不到两个星期，她收到了李洁一封信说，宋玲的父母跑到进修班大吵大闹，把她从上海拖回成都了，因为她父母听说进修班里的蓝羽怀了孕，肚里的孩子不是她丈夫的，而是学习班上的帅哥林山的。

蓝羽是个与众不同令人步步惊心的女人。 她的衣着穿戴惹得目不转睛的人们叽叽喳喳的，她却全不放在眼里。她每天早早起床，跟林山打网球，然后双双去食堂吃早餐。白天学习坐一张桌子，夜晚不是一起下饭馆，就是一起去看电影逛街。风言风语像波涛一样涌进她的耳朵，她却说，“吃饱撑的，管别人的闲事儿。我只关心个人生活的质量，管好我自己。” 蓝羽对四周的人是一种颠覆，一种威胁；而对云来说，是一种大开眼界。实际上，是蓝羽和她的男朋友林山帮助云把行李挤上火车的。

云的思绪又飘到了她教学近八年的单位。 她摸着自己的肚脐，突然有一种跟母亲断脐的快感。作为一个中国人就意味着属于某个单位的一群人，你的吃喝拉撒，一举一动都在他们的监督下。云想起了同事李华，她的不幸遭遇一幕幕地出现在眼前。

英语系领导一再审问李华和男同事马军的违法私通行为。

一个小房间，三男一女。

“说，什么时候？在哪里？”

“在周四晚上大约八点三刻，我们去了校园西侧的建筑工地。是在一个还未完工的房间里……”

“详细点！说你们是怎么搞的？”

“他把我推靠在墙上……”

（呃，嘿，嘿…… 三位男审讯员们抑不住他们的奸笑。）

“再详细点！ 谁脱下你的裤子的，是他还是你自己?”

……

“多少次？坦白，到底多少次？”

在过去的两年里，他们做了很多次爱。在沙坑里，废弃的防空洞里，无人住的破房子里，蚊子出没的树林里。为了爱，他们尽可能寻找自己的地下小天地。李华流了两次产，她那书呆子丈夫才感觉到有些不对劲儿，告到系里。被审讯后，李华告诉云她跟情人，而不是丈夫，在一起时有多么幸福，就连发现对方身上有一丝颜色和她的衣裙相配，都会使她欣喜若狂。

长达一年的上海进修似乎已经把云变成了武大的陌生人，当她拿到美国签证时，便一下成了校园里的外星人了。知名的红字“A”教员李华能告诉云她通奸的秘密，也是因为她信任云这个不会伤害她的外星人。李华在学校系里处处受排斥，需要从中国逃出去。然而，幸运的云得到了机会。

## 四

第二天，苏珊和吉姆领着云逛伯克利大学。校园里很像个热闹非凡的庙会，光着头的和尚在念经，有位吉普赛式的女郎边走边吹肥皂泡，疯疯颠颠的，吉姆说她是加州有名的女诗人。天呀，这种女诗人！一群年青人像红卫兵一样在撒传单，一位中年人站在一只破箱子上，激昂慷慨地好像在作什么重要的政治演讲。云曾经去过伦敦的海德公园，对这种场面并不稀奇。

到了三十九号海岸码头上，云看见几个十来岁的黑孩子为了钱在做太空机器人般的哑剧表演，云立即提高了警惕——乞讨，这不是资本主义国家的常见现象吗？不，她自己咯咯咯地笑了。初到英国时，一次她看见有位金发女郎拿走了一两把塑料小勺，便大惊小怪地喊“小偷”，这次她再不能让自己无知出丑了。

吉姆排了半天队，买了一大块儿比萨饼。

“这个码头上的比萨最有名，看看这奶酪。”

热奶酪像中国面条一样从他手和嘴之间扯出尺把长，云心中有了这种怪食品的形象却说不出口。

来美两三年以后，她才知道比萨是雌性权力的象征，而热狗，同高耸入云的华盛顿纪念碑一样，是雄性权力的象征。一次在办公室里，云的嘴被一条雄舌偷袭了一下，她又气愤又好笑，不禁写了首低级趣味的打油诗：

一条活蹦乱跳的热狗，
在肉色的天穹中，
摇起巨大的尾巴。
云被堵在半空，
涎雨挂满双颊。
当天遭佯睡的狗咬，
阴和阳还怎能对话？

## 五

次日，天不亮三人就要上路，驱车前往宾西尼亚州的埃丁堡。云指着冰箱里的鸡蛋和肉问是否应当带到车上，吉姆笑了，“不用带，食品在美国便宜得一塌糊涂。”云回想起武大的美国专家们总抱怨饭不够吃，可炊事员说每顿饭后仍剩下一大桌子，云费尽了口舌才使炊事员们明白，美国人不把中国的大米馒头等主食当作什么饭。对他们来说饭即是肉类和蔬菜，他们吃起大米来像中国人吃盐一样，一小勺煮熟了就够吃一整天。

在一家餐馆吃了顿早餐后，旅途才活跃起来。

吉姆先打趣说，“在中国，苏珊和我从学生那里找到了不少乐趣。你认识薛平吧？他告诉我们，他每天都在大操场上和一个女孩儿做爱（make love），实际上他的意思是谈心或者谈恋爱。”

“你也差点儿让我们笑掉了大牙。头次见面，你就说你家住在鸡公山下。”苏珊接上去说。

“那有什么可笑的？”云不解地问。

“你可知道美国人一听到‘鸡’和‘球’都会联想到什么？”

云嘿嘿笑了，在中国教了七八年英语，她竟连这些日常小词的另一含意都不知道。

“我们有位同事在北大教了一年学，过几天你就会见到他。他给我们讲了许多中国人的笑话，苏珊，讲一个给云听听。”

“是关于十三陵那个吗？行。有两个美国人在北京语言学院混了两三个月，觉得可以上街试试他们的中文了。一天，他们去参观十三陵，不幸迷了路。迎面走来两个农民，他们上前问道：‘请问，十三陵在哪儿？’那两个农民，你看看我，我看看你，呆了。两个美国人以为他们的中文没过关，只好罢休。谁知他们一转身，便听到那两个农民说，‘你看奇怪不奇怪？外国话听起来像我们中国话似的，好像他们俩在问十三陵在哪儿。”

“还有一个故事更滑稽。一天，一个美国人在北京烤鸭店就餐，他对一位男服务员说了句英文，没想到那位服务员惊惶失措地掉了个盘子，逃走了。你猜咋回事儿？那句英文让中国人听起来好像是‘你的鸡巴有多长？’ 云，那句话中文该怎么说？”

太难为情了。用英语说什么都行，哪怕四个字母的禁词，出口也觉得自然；要用中文说可就脏得丑得无法张口了。在当年那块挤满清教徒的土地上，毫不足怪，那些在华教书的美国人只好自己聚在一起，开开性玩笑逗乐了。据说中国男人们常讲下流事取乐，女人也这样吗？云不清楚，因为她本人从来不介入那个见不得人的话题。偶尔，她听到系办公室里的秘书们唧唧喳喳地谈论着张三李四，说什么男人如果阳萎，女人在家里便成了大老爷了。在中国，男女有别，男人和女人之间是忌讳谈论性与爱的，谈的背后便是搞。

“中国人看起来有点儿恹，整个民族需要一种性冲动。”吉姆说话的样子好像他想用一根巨大的西方阳具把中国捅醒。

这种事竟在一天天地化为现实。云听说，武大黄教授的女儿嫁给了一个美国人。湖北省的头号丑闻，是对中国所有淑女的侮辱，因为他不但是个洋人，还是离过两次婚的流氓。不久，又出现了一对儿， 又一对儿，又一对儿…… 武大干脆不让女学生单独见外籍教师了。

“你认识肖东吧？”

“还能不认识？他是我教的班上最优秀的学生。”

“他现在就在这儿。”

“我知道，前不久他通过一位亲戚关系到美国来学习历史了。”

“他那位亲戚就是贝利。”

“啊，是她！那位跟我同岁的美国研究生？肖东还不满二十岁，这不可能的！”

“世界上任何事情都具有可能性。我们在武大的老外全知道，肖东常三更半夜地溜进贝利的卧室。”

“贝利对我们说，中国男人在性方面还未启蒙。不过，他们一旦学会，可真厉害。”苏珊特别强调“厉害”二字，口气里充满了对贝利的羡慕。

“贝利到中国来的目就是要找一位中国男人。过去她曾经有过一位情人，是北京来的访问学者。大约一年前，他期满回国与妻子团圆了。”

“可是贝利有自己的丈夫。她亲口对我说的，她提前返美是因为母亲病危。”

苏珊和吉姆大笑起来，中国人太容易被糊弄了。

“贝利一回到美国，便和任哲学教授的丈夫离了婚，现在她和肖东已经结婚了。云，你可以给你的学生打个电话，不过千万不要让贝利知道我们议论她的私事了。”

大约两年以后，苏珊和吉姆也离婚了，各自从国外找了位年轻学生做终生伴侣。他们武大的中国同事们听说了，免不了大惊小怪：怎么搞的？苏珊和吉姆是我们所见的最完美的现代夫妻，跟我们这些捆在一起说不出痛苦也无激情的配偶们相比，形成了鲜明的对照。

## 六

云到埃丁堡的时候已经 35 岁了，不过她常听美国人说，她看起来真年轻，最多不过 20 岁。一次一位人高马大但格外稚气的学生想作她的男朋友，把她搞得很不好意思。她开始为自己的年龄在外国人眼中具有欺骗性而感到不安，于是她常主动告诉别人她的真实年龄。美国是年轻人的天堂，人人都竭力把自己打扮得年轻点儿，你真想老吗？没人想老！1983 年，她被选送到上海外语学院进修美国文学时，她发现自己是班上年龄最大的，为了防止未老先衰，她每天早早地就溜上了床。现在，美国又给了她一脸粉刺——中国人叫它青春豆。

云是一个幸运儿，知道她的人都这么说。1972 年，她作为首批优秀工农兵代表被推荐上了大学。通知书一下来，有位老农民笑了，“学英语？那和我们农业学大寨有什么关系呢？你最好还是留洋去吧。”他的话一传开，“留洋的”便成了云的绰号，慢慢地那里的人连她叫啥姓啥都不知道了。没想到，1976 年她真的受推荐要去留洋了。云并没有什么先见之明，大学毕业后，又回到了农村，想老老实实地当一辈子农民。哪知没过多久，有两所大学为一个出国名额，争执不下，闹到了教育部。教育部干脆把机会送给云这个乡下佬。那时候中国各级领导都特别喜欢创造奇迹，农民出国学英文也算个奇迹，你说是不是？云真的“留洋”去了。

一九七八年，云从英国留学回国后，又决心在大学里老老实实地教书，没想到在上海进修时，在武大教英文的一对美国夫妇吉姆和苏珊邀请她去上海和平饭店会面。吃饭时，云随便提到，如果有一天能看看美国就好了。真是有运者不用急，吉姆在美国的系主任听说有位聪明的中国女学者想看美国，便邀请她去当助教。别人为来美苦攻托福和 GRE，掉二十斤肉的都有，可云轻飘飘地便跨进了美国大学门。

云必竟是个干惯活的人，不像其他中国自费留学生那样端饭切菜洗盘子，她总觉得少了点儿什么，所以她也想打打工。埃丁堡是个小型大学城，没几家餐馆。幸亏所有的研究生课程都排在夜晚，白天她有充分的时间出去找工作。出了肯德鸡进入快菜馆温迪，出了吉野家到了汉堡王，每家店都让她填了足有二尺长的申请表格。

等待了几天，没有回音。她拒绝放弃，就挨门求见大小餐馆的经理和老板。 他们见到她都很有礼貌，却说，"对不起，我们现在没有空缺。留下你的电话号码，需要时，我们会给你打电话的。”云知道那是哄小孩的，只要她一转身，就会被忘到脑后。

走着走着，眼前一亮，云看见一家意大利餐馆的窗户上张贴着“需要帮工”。 她鼓励自己说，“我偏要进去，听听这个老板会怎么说。”

“下午好，先生。我看见你需要帮工的广告，我可以帮你吗？”

“你想找工作？全职还是半职?"

“全天半天都行。”

“你是中国人吗?"

“你看我不像吗?”

“我其实也不知道一个真正的中国人该是什么样儿。我这儿没有中国顾客，你知道，埃丁堡只是个小城。”

“可是在美国，中国菜无处不有。”

“当然，当然。我可以给你几个小时试试看。”

云高兴得差点跳起来。回到家，洗了个澡，整齐地穿上黑裙子红衬衫。好心的老板以挑剌的眼光打量了她一番，不过，君子一言，驷马难追，他不得不让云试几个小时。快傍晚的时候，进来了三五个男顾客，他们看着云，好像在看一只奇怪的宠物，肯定比平时安静多了。老板有些歉意地看看他们，大部分时间，他自己跑东跑西地给客人端盘子上菜。别扭的四个小时终于结束了，云真想拔腿就跑，连报酬也不要了。可是老板对她还不错，从口袋里拿出 15 美元给她，“过去我这家比萨店很红火，现在生意却日益冷清了。”

“也许添加一些新菜单，像中国的春卷，会好一些。”

“明眼一看，就知道你是个聪明人。行， 我让你试试。”

云终于松了口气，这下工作有指望了。星期一，餐馆休息，老板带云逛超市，按她的建议买了绞碎的牛肉、鸡蛋、青菜、粉条、胡萝卜、青葱、生姜等。

“哇，这么便宜呀！”老板简直不敢相信。“难怪，卖中国食品可以赚利润。"

云穿上围裙，开始了有生以来的烹饪冒险。实际上，她已经多年不跟锅碗瓢勺打交道了。结婚后，她很快使丈夫变成家庭主厨，把自己从厨房里解放了出来。她从来没有做过蛋卷春卷之类的，但是“没吃过猪肉，也看见过猪走”。想想饺子蒸煎包和油炸春卷的相似之处，云毫不犹豫地干起来。她先用少量的酱油把牛肉末搅拌好，然后炒几个鸡蛋，煮一大把粉条，切好卷心菜、葱、姜。然后，把绞碎的一切都放进一个大盆里，加上中国调味料和芝麻油，使劲搅拌。最后，终于包出了二三十个大春卷。云接着用红绿柿子椒、猪排骨和罐头菠萝，烹饪了一大锅糖醋排骨。

老板从头到尾一直看她操作。当一切都结束时，他使劲地摇了摇头，“做中国菜太辛苦了，太费时间了！"

经过两三个小时的紧张劳动，云浑身都在冒汗，她拿了老板给的二十元钱，一言不发悻悻地离开了。她平生第一次意识到，吃中国式的饭菜是吃汗水和时间。

## 七

云在家垂头丧气了好几天，也不出去找工作了，从早到晚，她坐在电视前。突然，一个问题出现在她脑海里，“这里的人跟我，一个来自中国的人，有什么不一样呢?”她发现荧幕上出现的每一个美国人都看起来快乐和自信，他们的笑容显得开放又灿烂。云终于振作起来，开始笑了。

第二天中午，云穿上新尼克运动鞋，紧身牛仔裤，配上精神的 T 恤杉，走进市中心唯独一家她还没有申请过的餐馆——麦当劳。这家令人瞩目的麦当劳在云的眼中有点过分卖弄美国人的傲慢，那里的工作人员都穿着整洁的制服好像一艘海军舰艇，而进餐的人也大多是金发碧眼或棕色头发。

正值中午高峰时间，云径直走进去，排进长队里，不到十分钟就买到了份可口的炸鱼片，配一杯小可乐。麦当劳拥挤但安静的场面使她不免怀念起中国的那种热闹。吃完后，她开始读有位顾客看完留下的报纸，耐心地等待着。

高峰时间一过，云就走到柜台前，要求见经理。

收银员吓了一跳，以为她对麦当劳有什么不满意，马上打电话给经理。

“小姐，我能为你做些什么?”

“我看这里生意挺忙，你能给我一份工作吗?”

“工作，在这里？你是上学需要钱吧?”

“不，不，不是为了钱，我想了解美国和美国人。”

他笑了，“不错，好主意。但你需要两个小时的培训，你能今天下午开始吗？”

“没问题，我想马上受培训。”

经理领着她穿过厨房进了一个会议室，他把一盘磁带放入录像机，“请仔细观看他们怎么做，怎么说，每个人都是团队的一部分，配合尤其重要。”

“我可以倒带多看几遍吗?”

“没问题，看多少遍都行。”

太有趣了，云一看就是一下午。磁带教如何在麦当劳以最有效的方式制做每一样食品，云想起了卓别林的电影《摩登时代》。哇，泰勒流水线生产法巧妙地搬到了美国餐馆。她惊奇地发现达尔文的适者存以及中国数学家华罗庚的优选法都运用在厨房运作和销售管理上。在回家的路上，她想：其实不管你学习什么或做什么，只要你不断地选择更好更有效的手段，不断地消除劣质和低效率，你一定会是赢家。

那天晚上洗完澡后，云穿上工作服，对着穿衣镜中崭新的自我敬礼。像一艘远洋轮的船长，她自信地笑了。她相信自己不但能成为埃丁堡麦当劳的第一个非美员工，而且让那儿所有的美国人对中国人刮目相看。

## 八

在这个麦当劳工作的人都很年轻,其中有好几位高中毕业生,都不超过二十岁。年纪最大的是经理,也不过三十出头。店主很少到餐馆来,每周大概在高峰期间露一两次面。经理负责店里的一切运转,从分工到执行。我的到来,不说太稀罕,也毕竟给年轻人增添了乐趣,他们好像在等待看我出洋相。我炸鸡块还不到一个小时,一位金发碧眼的女孩儿从背后扯起我松散的长发,“嘿,管管你的头发,塞进你的帽子里,好不好?没人想吃炸猪尾巴。”全体店员哄堂大笑。云没有反击,一边把头发塞进帽子里,一边友善地说,“谢谢你。炸我的头发没关系,不过恐怕顾客们不会喜欢吃的。”

炸鸡块和鱼片不需要什么技巧,一切靠定时器,你只是放进油里,按定时器掂出来就行了。接下来,云炸苹果馅饼和薯条,这需要一点儿判断力。当云转到前台在铁板上翻肉饼,按顺序配制各种汉堡包时,她面临着较大的挑战。但不过三天,她完全掌握了麦当劳所有的烹饪技术。真正的问题出在她的工作俚语上,进展太慢了,练了一个星期,才能像其他店员一样传各种口令。然后,云被派去打扫用餐区和厕所。最后,她被指派在半夜十二点下班后清洗所有的大小餐具。大家都十分惊讶,中国人把每一个环节都干得如此漂亮。

"你看,多快多干净呀!那么多锅碗瓢盆一下子都整齐地摆在厨架上了。"

云很快就被公认为他们的大姐,她收到了麦当劳总部寄来的四张音乐唱片专辑奖品,因为她连续四个星期被选为“突击手”。云在麦当劳干得很卖劲,赢得了麦当劳对外国雇工的信任,她将自己所经历的欢乐和感受记录在一首长诗里。

**欢乐的麦当劳**

热闹的麦当劳奏出了迎宾曲,
我快活地走进去,

沐浴在年轻人的朝气里。

我烤鱼片，
你递鸡块，
她包土豆条，
他接手巨无霸。
一口一个“谢谢你” “请——”
千万可别打喷嚏。

大家精力充沛，
新鲜得像刚搅拌的沙拉；
定时器的雀鸣和报警的尖叫，
使我们紧张而又勇跃。
人人彼此和谐友善，
甜蜜得像香草馅饼；
工作的气氛尝起来，
好似巧克力冰激凌。

高峰时间一到，
每个人都像冲上了电，
齐演卓别林的《摩登时代》，
手脚忙得比魔术师还快。

生意滞销时，
机器人忽然活过来，
放松一下，开开玩笑。
什么？
你想学用中文说“I love you”？
“我——爱——你——！”
不过到了中国，
不要见了个年轻姑娘就练习；
否则，小心当街一耳光，
将会给你留下永生的记忆。

哄堂大笑，
赶走了无聊和单调。
男女当众亲来吻去，
　　　谁也不怕别人看和瞧。

年轻人最喜欢奇谈海外，
我不再是陌生人也不足为怪。
我当上了“突击手”
为餐厅地板擦得快又好；
我禁不住暗自好笑，
无意中把“干净得像个医院”
西化为“干净得像麦当劳”。
无论走到哪里，无论在何处歇脚，
我总能看见麦当劳的小丑的贪婪傻笑，
他悄悄地在向顾客们耳语：
最低的价钱，
最家常的滋味，
再白送一杯年轻人的团队精神和智慧。

## 九

云白天在麦当劳干活，夜晚在学校研究后现代主义。 每个星期三从两点到三点半，生意格外缓慢。不由自主地云就陷入了后现代主义，她的视线变得越来越朦胧。

我看着巫婆的油锅
　翻滚冒泡，
我看着地狱的炼炉
　嘶嘶作响，
我知道炸好的鸡脯
　还想唱天鹅歌，
我的心被烘箱的一声长鸣
　划为两半。

我，我……

为什么你的形象这么丑？
为什么你的视野这么黑？
为什么你的诗调这么悲？
为什么你的情绪不能变成一只云雀？
为什么……

假如我有空儿去细看玫瑰的图案，
假如我有心去聆听贝多芬的音层，
假如我有钱去海边兜风，
假如果我有超越一切的自由，

也许我会不同，
也许我不会。

假如……

也许……

云终于想通了，所有的黑色幽默都来自一个后现代的人困在自己设立的第二十二条军规里，黑色梦境不知从何而来，无名的痛苦，无奈也无因。

云没想到自己的厨技和勤快受到了麦当劳全体员工的肯定，她每天的工作时间从四个小时增加到六个，然后到全职，然后还要加班。餐馆里只要一忙不过来，或有人缺席或生病，经理马上就会打电话让她上班，过度的工作使她变得心衰力竭。

有一会儿
我在背诵狄金森的小诗，
"多么快活的小石头"。
一只鸟儿警告我：
"嗨，快停下！你的时间已卖了。"

又一会儿
我在欣赏，
番茄酱喷出的红色花瓣中央
点缀着芥末的金丝，
切碎的生菜碧绿的天鹅绒上
铺上了一块儿方形的黄色奶酪地毯。
一个严厉的眼光抽打我，
“嗨，快停下！你的大脑已卖了。”

为什么我双腿肿若大象？
为什么我咀嚼得像台铡草机？
为什么我大脑麻木得像坟墓？
为什么活人僵得像只死猪？
背后一个声音吓了我一跳：
“嘘——，停止你无休止的好奇！
要知道，你已经把自己卖了。”

那是一个闷热的暑夜，云思索着劳动的乐趣和对健康的必要性，以及人为了生存而出售时间的需要。但是，当出售时间变成了出卖自我，把一个活人变成了机器上的齿轮，剥夺了他的精神和自由时，就应当停止。云果断地辞掉了麦当劳的工作。

## 十

大约两个星期前，云打扫餐厅的时候，捡到了一张 20 美元的钞票， 她马上问坐在桌旁的老太太，“女士，这是你的吗？”那位老太太查了下钱包，笑咪咪地说，“亲爱的，我以为是，但却不是我的。”云把钱交给柜台前的经理，经理问所有的顾客，谁丢了一张 20 美元的钞票？没人认领，于是，经理还给了云说，“这是你的了。”

“哦，不。这不是我的，我不能接受。”

“那我们该怎么办呢？也许你可以把它捐给癌症协会或儿童医院。”

“好主意。”

那位老太太叫雪莉，是一个家具店的经理。随后的几天中，她不时地跟云说说话，聊聊天。接着，邀请云到她家里去住。雪莉住在城边山坡上一座像神话里那种漂亮小房子，云的房间舒适得令人难以相信。而且，吃住不要钱，云只要每天喂喂狗，洗洗碗，一周吸尘两次，打扫一下卫生就行了。这对云来说，简直是没活儿可干，她的肌肉突然放松了下来，脸也丰满起来了。

“云，你现在看起来更像一个美国人了。”吉姆恭维她。

苏珊给云带来了几件她已穿不上的裙子和夹克，告诉云说，他们的中国朋友峰松已经戒烟了，因为他不想让鸦片战争在中国重演。

“这一次是烟草战争，”吉姆纠正说。“不过，看看我们的云，就知道中国人多么喜欢吃麦当劳。”

“云，我是认真的。你为什么不回中国开麦当劳连锁店呢？那样你会发大财的。”

雪莉女士也得意地插嘴说，“云才跟我住三天，脸就容光焕发，跟以前大不一样了。”

事实上，云在麦当劳就开始发胖了。虽然她在那里拿的是美国最低工资每小时 4.25 美元，但每工作一个小时就能得到 40 美分价值的麦当劳食品， 一天八小时， 再加上一点儿自己的钱，就可以任选一份喷香的鱼片或巨无霸，另配薯条，苹果馅饼，和巧克力冰激凌。辛勤工作一天后，像典型的蓝领工人那样，云边看大屏幕电视边嚼快餐，喝可口可乐，再没有比这个更让人开心的了，但冷不防却中了“糖衣炮弹”。来到美国，就像着陆在一个陌生的星球上，必然会遇到新病毒。由于美国是个充满好吃东西、生活比较优越的天堂，云对它的糖衣病毒没有什么防疫力。

峰松已经 50 岁了，吉姆和苏珊说，如果只有一个中国人能在美国获得成功，那就一定是峰松。峰松只会说几句简单的英语，他来到美国什么也没有，只有两只手和一个顽强的意志。在离开埃丁堡到大城市匹兹堡去进行下一个冒险之前，他来跟

云告别。 峰松戴着墨镜， 因眼疾他怕光，从镜框下他凝视着云，严肃地说，

“云，美国炮弹已经击中你了”。

“什么击中我了？”

“使人得肥胖症的美国糖衣炮弹。”

过去的十年里，云一直维持在 1.57 米高，48 公斤。来美国不到两个月，她的体重就增加了八公斤，腰围扩大了两三寸。云所有从中国带来的宽松衣服都变得又紧又小。紧张的麦当劳工作，使她没有时间也没有心情控制体重。更糟糕的是，在雪莉夫人家里的懒散和优质食物让她像气球一样胀了起来，十天内又增加了五公斤。 她开始担心自己的体重了， 可是，饿一顿，下顿，她会变本加厉地将两顿饭一起吞进去。她变得忧郁起来，甚至连论文都写不下去了。冰箱里凡能吃能喝的都扫荡完以后，她搬个小梯子，搜遍了所有的柜橱，连过了期的饼干麦片都吃个精光。平生第一次，云开始厌恶痛恨自己。

雪莉夫人感恩节探亲要离开一个星期,临走前她怕云一个人过节孤单，特意把冰箱塞得满满的，又为云订了大酒店感恩节自助晚餐。感恩节那天，云先到附近大酒店吃了个饱，可回到家不到半个小时，她就又打开冰箱， 吃掉了整个冷火鸡胸脯，接着吃南瓜馅饼和花生酱冰激凌。也许是为了弥补前半生从未吃足的欠缺，她吃呀吃呀，直吃到流眼泪，但泪水也治不了她的暴食暴饮症。她想起了泰德笔下的田纳西农场，老板为了避免制糖工人们偷糖就强迫他们吃糖稀，吃呀吃呀，直吃到他们嗯心得吐呀吐呀，一辈子见了糖就反胃口再也不吃了。

第一个感恩节夜里，云怎么也无法入睡，她想了又想，难道就这样自暴自弃破罐子破摔了吗？天刚蒙蒙亮，云就穿上靴子，开始在冰天雪地里跑步。

当你撑得像只膛塞的火鸡
懒得像只肥猫，
你只想咒骂自己
扇自己的嘴巴——
一块儿堵心的内疚后悔

恨不得化为泻药
不过傻坐在时间上
只会孵出一只大闸蟹
积极地减肥并不花大钱
只需要跑——跑——跑——
一圈，一圈，
再一圈，再一圈……
出汗了？太好啦！
喘不过气来？ 慢走一会儿
继续再跑，跑——
跑……
直跑到精疲力尽

跑步是一盘磨
碾掉体内多余的脂肪
留下精华
使你的身体弹跳如春
使你的心酷得像盛夏嫩黄瓜。

## 十一

云坚持每天早上跑步，不再贪吃了。她的体重稳定在五十三公斤左右，按她的个头来说，不胖也不瘦，太标准了。回想一下自己的经历,她不由地自嘲一番：你这个从没吃饱过的傻妞，在大鱼大肉之乡受了多少罪呀。

云想起了中国三年自然灾害的日子里,几乎什么吃的都没有，人们吃树皮、树叶、草根、水藻、野菜。更糟糕的是，一些村庄多日都不见烟火，巧妇难做无米之炊，饿鬼周旋在饥魂的墓地上。 在云的记忆中， 即使在最好的时候，食物一直是配给的。一人一个月三两油，25 斤大米，半斤猪肉。哪儿见过大块吃肉，有小肉末放在炒菜里调味就不错了。烧鸡和肉馅饺子都是逢年过节才能吃到的。通常，她津津乐道吃的都是豆芽、豆腐和青菜。她食欲极好，什么东西吃起来都香。她从来没有想过暴食暴饮，因为她根本没有机会暴食暴饮。她在中国多年良好的饮食习惯不是自律的结果，而是政府通过各种票卷控制的结果，更不是她自愿的。

毫不奇怪，在美国富裕的海洋里云差点淹死了。云写信告诉姐姐说，“我差点成了杜甫了。”据说唐代的大诗人杜甫饿了好几天以后，有个县官儿认出了他，摆了一大桌酒席招待他。结果他死了，是被撑死的；至死都不知道，那桌酒席是一枚致命的子弹，糖衣子弹。

肥胖在八十代的中国仍是属于少数人的特权，而在美国，已是瘟疫，泛滥成灾了。可是，无论在中国还是美国，“减肥”成了年轻女性脖子上的绞索。宋彬和云是同时到达埃丁堡读英文硕士的。 她比云小十岁， 却高半头。虽然云受到肥胖症的袭击，宋彬却滑到了另一个极端。她有一个在波士顿的男朋友，一心想变成时髦的超级苗条女郎。宋彬几乎每天都不吃什么饭，反倒喝了很多黑咖啡，来美国不到半年，就掉了三十磅，瘦得皮包骨头，脸颧骨更高了，肩更削了。她的自虐减肥使云想起了她的学生方丽。

**一九八二年**

从教师宿舍隔壁传来一声声呻吟，挺吓人的，云头次在现实生活中而不是电影里听到这种呻吟。她推开虚掩的门，看见方丽躺在地板上，两臂乱挥一气，好像在呼救，一个酒瓶滚到了墙角。太可怕了，这真是方丽，我四个月前的得意门生？因为学业优秀，身体健壮，云特意推荐她留校当大学老师的。人的变化也太大了！ 云突然想起系里的流言，说什么方丽自从被一位男人因“太胖”拒绝后，每天只吃一两饭……

真滑稽，一个男人会因身材矮被视为残废，而一个女人却是因胖残废的。宋彬告诉云，波士顿的女孩，可不像宾夕法尼亚州的乡巴佬，太苗条了。在大都市里，如果你胖，你连工作都找不到。云立即下了决心，以后自已当了老板，定要把“无体重歧视”写进招聘广告里。不管怎么说，云可是不胖也不瘦。大概是这种潜在的沾沾自喜使她编了不少格言，譬如“适当节食显示自律的力量，为男人苗条无异于自我失落。”

云的丈夫是超瘦型的。嫁给一个你不爱的人是云的另一人生哲学，以后再讲。不过，她确实不喜欢瘦子。

我古老的女人
　　我古老的女人
你到底喜爱什么样的男人？

我爱那种男人
　　胸怀宽阔得装得下“容忍”

我爱那种男人
　　畅通的心血管流不完善良和柔情

我爱那种男人
　　不死盯着女人的外形
　　却能窥见女人的内心
　　宁要健康丰满
　　不要病态苗条

我爱那种男人
　　他的爱不全为我也不全为他自己

我不做皇后，他不当皇帝
我是个傻瓜，他是个白痴
我们俩安稳地锁在
　　疯狂的婚姻棺材里

## 十二

跟发胖搏斗虽不容易，但对云来说，真正难以抵挡的子弹还是心理上的，如“洞”崇拜。

到美国之后，云获得的第一大自由就是可以公开谈论性了。弗洛伊德不是谈到了女性对阳具的崇拜吗？天下着毛毛细雨，云在办公室里细细地回想班上的讨论，也许是真的。玫三岁上幼儿园的时候，很长一段时间，她拒绝蹲着小便。她说幼儿园的孩子们都站着撒尿，可她除了湿裤子，一无所成。云扑哧一下笑了出来，原来她想起了有位男教授深夜散步时，对着电线杆射出一个完美的弧线，结果中电死了。不管怎么说，玫是否天生的崇拜阳具并没有确凿的证据。当她明白了男女性别有异时，她坚决不愿效仿男孩子，或穿男孩的服装。

“玫，你下辈子愿意生成一个男孩吗？”

“妈，我才不愿意呢。要知道，我们班上考试前三名都是女生。”

一天晚饭后闲聊时，吉姆说埃丁堡城里有个“闪亮”。

“‘闪亮’是什么意思？”云不解地问。

“噢，是一个裸体男人，穿一件长大衣，碰见女人，便猛地掀开一亮。”吉姆解释道。

“在中国好像没有这种反常的人。" 云自言自语地说。 其实，她听说过。

在上海进修时，那位外号叫“清教徒”的同屋李洁是位复员军人， 也是云平生所遇到的最正经的人了，偏偏从她嘴里，云听到了解放军中最离奇的故事。一天，一位女兵被排长叫出去谈心，女兵听到的字字句句都是政治口号。当她心不在焉地一低头，猛地看见排长打开的裤链前亮出了个大家伙，把那女兵吓得住了三天医院。这“闪亮”到底说明了什么呢？在乞求了一个洞，对不对？另一名战士被枪毙了，据说当部队驻扎在藏民区时，他捅了一只母羊，使羊生下了个不伦不类的怪物。还有一名战士三更半夜常溜进女厕所，把精液射在带经血的卫生纸上。…… 性变态的男人可真不少。

有女的吗？准有。开封市曾流传，有个妇女性饥饿时把一个灯泡扯进她的阴道，结果电死了。没几个女人会相信这种事儿。再说，灯泡，状如鸡蛋，跟什么阳具之类也大不相同。

云在追忆她小时候第一次看见小男孩的茶壶嘴儿的情形，研究生乔治闯进了办公室。

“云，请吃块蛋糕，今天是我的生日，我二十三岁了。”

“生日快乐！我今年三十五了，你们这些年青人把我衬成系里的老祖母了。”云很会开玩笑。

乔治听到云坦白自己的年龄，嘻嘻笑了笑，说：“我们都喜欢老祖母，说真的，我在家里最爱的就是奶奶。我真希望她像你一样年轻。”乔治走近云，继续说:“我们一起到金鼎吃顿晚餐，怎么样？”

“好极了，今天我请客。”

近来，乔治有意靠近云，不过云不愿接受他的感情，因为乔治小她十二岁。 从同龄的男人中， 云都极少能获得畅快的交流，更不用提乳毛未干的小伙子了。不过，她却像爱护弟弟一样地爱护他。有时候，云也会驰骋一下想像，享受一会儿和年青的乔治异性相吸引的滋味。

餐毕，同乔治在金鼎分手后，云回到办公室。她的想像又驰骋了起来，大脑里出现了复杂而令人兴奋的电波，她开始在纸上记录这些纷乱的内心活动，一幅“文字脑电图”跃然纸上。

将息的炭火
将逝的彗星尾巴
哪个生日来访不会过去?
今天是你的生日——及时行乐吧!
五花八门的你跳进眼帘:
夏威夷旅游客
庄重的西装没系领带
哪里，不是我
是你，蝶翼天使
你，没完没了的心宽体阔
玩笑时，我不告诉了你
无限横着长，要比
削尖脑袋向上窜的男人
好上千百倍
啊，慷慨大方的实体颂歌
让诡计多端的瘦棍凯西亚斯
见鬼去吧!

女人情愿一嫁再嫁给
体魄松大的凯撒

啊，天真的化身
你的笑，似秋湖鳞波，无限舒展，却并不媚眼
什么？一副内掩悲痛的脸？
在你这种年纪，也会表里不一？
你蹙眉头，仍无法长出年迈的邹纹
为什么没告诉我你的真心话——
也好，想像会让我看见你童心上的花色和伤痕
你我之间定有一种精神脐带
是不是我想为自己的童心寻找活血？
我希望这是一种高尚的盗窃
似鼻孔偷吮花香

漫画中一个滑稽女人
用有形的桔子表达自己的情爱
他竟这么无邪可爱，还了一枚香蕉！
大约三十年前
她头次童眼大开
看见弟弟弹动的胖腿间暴露出人类的性别
她马上低下眼，看着手中黄香蕉状的口琴
上面两派齿形的小洞

你真的这么天真无邪？
谈吃热狗有什么可笑？
该死的弗洛伊德
竟戳穿了人梦中吃比萨的隐乐

太聪明了，
以淫秽的叽喳来驱赶学究斋的晦气

在你生日之际，我希望你停止成长
有谁能像你一样年轻新颖，有知而天真

虽具成熟的大脑和体魄
却有原始稚嫩的风味

小弟弟，
姐姐愿送你一件生日礼物——
只要你能猜得出
它不沾金钱的边儿
却能被想像所污染
它是春风给你的呼吸
它是夕阳脱下的带温指环
它不是阴也不是阳
它不是斯芬克斯之谜
它也许有唇摩擦，却没有语言

我多么希望口袋里有一个微型电脑图仪，可惜现在，只好拾起想像仓促收割时掉下的几颗麦穗。

哈，在金鼎餐馆
看着你戴耳机的模样活像个玩具飞机驾驶员
这个生日故事太荒诞，不是吗？
不要因我祝你停止成长而发火
我知道你体内不含德国小鼓手的那种愤怒
你将会成为澳大利亚的大卫·爱尔兰
喜爱急燥的豹子
　　　　而不是慢性的袋鼠

我多么嫉妒校园里的小松鼠
——真正的希腊先哲
嘲笑我？
真丢人，像獾一样笨重地关在书匣子里
妄图从沉年学究顽石堆里打出一条隧道
谁知新出的版本不时地划破我的小手指

欣赏欣赏青莲蓬吧
它虽嫩却可以托出天使娃娃
根植于磁性污泥
绿蓬蓬满载着新颖……

云似乎变成了一台扫描机，扑捉着脑中出现的每一信息，在纸上划呀划呀，没完没了。一抬头，她瞥见了学校张贴的通告，两天前英文系一位研究生，在这座教楼内遭到了强暴。尽管云自信她强壮得能把任何失去控制的歹徒踢翻在地，半夜时分，还是在家安全。

云像个疯子一口气跑回了家 ，转眼便站到了淋浴下。衡量中国人美国化的程度的标准有两个：一是看早上还是晚上淋浴，二是看梦中说英语还是说汉语。云正处在一种过渡时期，三个月来，她渐渐适应了早上淋浴。不过，今天一慌张，她又溜回了老习惯。 淋浴的喷头很小，却黑乎乎地像个男人的那家伙。云看着水顺着自己的秀体蜿蜒流下，急匆匆地窜进了脚下的下水洞里。水往哪里流？地球的心脏，我希望。“洞”，云忽然意识到，女人身上都有个“洞”，她问自己：为什么男人对女人的“洞”感到那么好奇呢？她想起了丈夫，在中国的龙，结婚前他曾请求让他看看那一神秘的洞；结婚后，他又迫不及待地想探索那一洞底。也许太激动了，竟钻不进去，一恼火儿，他埋怨云身上根本没有洞。云读过古代有关石女的记载，自己也许是不幸者之一。于是他们到医院里去检查，大夫大笑一通，说云还是一个未经房事的黄花秀女。云并没有因此事责怪龙，他心底那么善良，说什么哪怕她是个石女也要陪她过一生。

为什么他建议我在离开中国之前上一个节育环呢？当然，他不那么相信女人的贞洁，云自己也不是那么在乎。龙还提到，夫妇长期分居，对女方来说，并不是那么难熬。他是什么意思？云会意地笑了，女人有十指，男人有自助释放的洞吗？

## 十三

云像一个老猫蜷曲在床上，用明亮的眼睛在黑暗中搜索。

那一定是一九八一年，云平生第一次和位同事谈论到性的问题。

“嗨，我今天从英文百科全书里读到了弗洛伊德，你听说过他吗？”小范骑着一辆生锈的自行车。叫他小范，真有点委屈他。“小”的意思一般指“年轻”或“个小”。其实小范已经五十多岁了，个头也不算太小。叫他“小范”绝不是因为他在系里的资历，而是因为他仍像个学生一样孜孜不倦，充满了孩子般的好奇心。

“我在英国时听说过他。”云骑着一辆耀眼的女式五羊，“他谈了那么多‘自我’和‘私欲’之类的，一言以蔽之，弗洛伊德认为性冲动就像一个人急着上厕所，性行为是无法压抑的。”

云的回忆溜到了一九七三年。

“今天我正式宣布学校的决定，冯光和沈红被开除了。他们无视校纪，屡次破坏大学期间不许男女胡来的规定……。”王军代表的声音果断，正气凌人。

几乎不到一个星期。

“你知道吗，王军代表就要滚回部队去了？”

“怎么回事？”

“他抓住沈红和冯光做爱后，便强迫沈红跟他上床，还威胁她说：不跟我搞，开除你！”

一九七七年　伦敦

“王惠和杨建今晚要被送回国了。”

“为什么？上边不是说我们可以在英国留学两年嘛，一年还没到头呢。”

“嘿，你还蒙在鼓里呀。杨建被人看见在暗地里抱着王惠亲嘴，还玩弄她的乳房呢。”

一九八四年

“李华，怎么搞的？你的头发怎么一下全白了，脖子也变得这么粗？”

“我的愤恨大于耻辱。不错，我们背着我的丈夫和马军的妻子三番五次地做了爱。但我不明白为什么我被惩罚调出英文系，而马军却没有呢？”

“我还以为你真的爱他。”

“不再爱了，不公平使爱变成了愤怒。”

李华歇了口气接着说，“你敢相信孟浩对我说的话吗？他说，‘如果你想搞婚外事儿，还不如跟我呢？’”

想到这里，云不由地打了个寒噤。 孟浩暗地里对云大有好感，她简直不敢相信世上男人有那么贱。四处找洞，管它长在哪儿呢。

无聊渐渐裹起了云暖和慵懒的躯体， 她晕乎乎地一头扎上了床。第二天早晨，再也无法忍受看见那个阳具似的浴头，好心的房东便换一个新的，形状像一朵小葵花。淋浴时，新的形象和新的感受激起了云的灵感。

孔雀开屏
凤凰扬尾
高悬的水晶灯
金发穿起的银珠帘

鹅毛般的手掌扇过你汗淋淋的秀体
慈母般的柔指抚摸着你孤独的脸颊
千万只水汪汪的眼睛羡慕你无遮盖的羞耻
神奇的梅花针轻拍你疲倦的神经
　兴奋时
　　你像一朵白菊花
　　　旋转柳叶般的花瓣
　失望时
　　酸泪伴雨柱而下
　　　窜出下水道流进地中海

　昂首甩发，如春鹰展翅迎朝阳
　金鸡独立，海燕急旋排暴雨

张开四肢，靠着墙壁
任无数水刺把你钉在十字架上
在这明比暗喻的沐浴下
振臂迎接新生
有多少痛苦
有多少喜悦

## 十四

又一个月过去了，周围没有一个人跟云说中文，她似乎在渐渐忘却自己的母语，你从来用英语做过梦吗？不大清楚。你曾经在梦中说英语吗？我不知道。可就在那天夜晚，她做了个含义非凡的梦。

我在跟一位同事谈话
他不懂英语
我叽叽喳喳，咯咯嘎嘎
咬牙切齿，喃喃自语，嘿哈大笑
他不解地看着我
傻得像个哑巴
我突然觉悟到我才是个大傻瓜
我在同他说英语
我有意识地作了调正，转说汉语
可一会儿我又失了控
用英语嘟囔起来
听者抗议了
我吱地一声来了个急刹车
忙挂上汉语挡
谁知一会儿，我又滑到了英语里
我的那位熟人，像一个陌生人一样消失了
像位陌路人，我被丢在荒野里独白

不知道什么时候

我正前脑不搭后脚跟地穿梭在
贝克特和纳博科夫，纳博科夫和贝克特之间
闹钟的警铃响了

到什么山上唱什么歌，剧作家塞缪尔·贝克特和小说家弗拉基米尔·纳博科夫，都在他们移民落脚的新大陆上作了调整，贝克特在法国用法语写荒诞剧，纳博科夫在美国用英文写了《洛丽塔》。

## 十五

时间沉重地压在云的身上，闲几乎使她变成一个无从着落的老处女。秋随着枯黄的落叶逝去，冬迎来了漫舞着的雪花。云顺着大路慢跑，散心。举目远眺，一片银白世界，给了她一瞬间的喜悦。

**美的瞬间**

晶结的枫枝，
冰织的蛛网；
雪拥的山脊，
风托的白云。

吾乐无穷。

其实，世界上哪有乐无穷之事呢？人生充满了界和线的障碍，感情也不例外。然而，积极的一生乃是不断地打破旧锁，不断扫除物质上、精神上、感情上的界和线。

云在市中心十字路口旁边停了下来，这下儿，她真的相信圣诞节就要到了。街两侧的树枝都挂满了彩灯，就连街灯也都装饰成了银白色的六角星。忽然，街灯亮了，云凝视着一盏街灯，直到她的灵魂融进了它的形象里。

我
是六瓣的雪花
带着上苍“美”的旨意下凡
以万花筒的神速繁殖
交织成鹅绒
被

被下
我同麦根肆意交配
伸进去，用的不是阳具
而是多情柔软的液体
当人类全孕上种子之际
我会幸福地消逝
同听不见的云朵
一起上升到
月球

在那里
我既无为，又无所有
却能晶化成“爱”的天纹
待到寒冬来临时
再降大地
寻你

从雪花的诗境中出来，云慢慢地踱回家，灯光下她发现了自己唯一的伴侣——影子。雪莉夫人飞往圣地亚哥同自己的儿孙们团聚去了。云装满一盆狗食，打开侧门，把狗食从门缝里递出去，猛地抽回手，好像被蛇咬了一样。云知道美国人爱狗，不少人把狗当作自己的人生伴侣。不过，这只高大的德国牧羊犬对她来说也太凶猛了。云读到有位孤独的老女人把电视当作自己的终身情侣，这点儿，她也做不到。

在英文系以外，云认识了两位中国女人，都在读研究生：洪铃，修教育学；江丽，读图书馆系。洪铃出国的时候，她的孩子才两个月；江丽来美时，儿子也不过才三岁；云的女儿六岁。第一次三人见面，提起丈夫孩子的时候，便笑了个前俯后仰，不单是因为她们的丈夫都在国内做了妈妈，也因为三位丈夫的自行车都被偷了，尽管一个在武汉，一个在西安，一个在上海。自行车在中国，如同汽车在美国，等于人腿的伸延，这下三个大男人真的被圈在家里了。

现在洪铃去纽约看望那位赞助她来美的澳大利亚教授了，江丽没有经济资助，只好趁寒假去匹兹堡餐馆打工。吉姆也到西班牙去会苏珊了。想打个电话，都没人接。平生第一次，孤独渗进了云的骨髓。

实际上， 一个现代人在闹市中的孤独是自找的，说句好听话，是自我选择的结果。杰夫曾邀请云去佛罗里达，但她谢绝了，可是柔丝去了。那位爱慕云的“大花猫”非要云在埃丁堡租一个房间，他要从依阿华来看她。当云提到这件事时，吉姆大笑起来，“那只张牙舞爪的大花猫！ 叫他步行到埃丁堡来。”上周“大花猫”在电话中说，他急不可待地想打云的屁股，云怎么也不能忍受这种粗俗，一下就挂断了电话。

第二天夜晚是圣诞节的前夕，圣诞同中国大年一样是个重要的家庭团圆节日。其实，年到底是什么？是一种可怕的野兽。中国人在除夕夜要大吃狂欢一番，就是因为大家都会被年吞噬，不再会有明天的到来了。可是，至今“年”这个野兽还未出现。中国人仍然作乐狂欢，但年的意义却变了。年意味着新年，从时间、空间到记忆，从爱情、仇恨到报复……， 一切的开端或重新开始。

## 十六

“人逢佳节倍思亲。”云是否在思念父母？对，在思念，但并不是那么急切。俗话说嫁出去的女儿，泼出去的水，她不再属于那个家了。那么她思念谁呢？她忽然想起了以前的恋人孟浩，他已经又结婚了。可怜可悲，一个堂堂的男子汉，拼搏了近 20 年才从父母包办的婚姻棺材里挣扎出来，却又落进了另一传统婚姻的圈套。虽然孟浩实现了一般男人娶上个护士加秘书的美梦，有人说他看起来仍是愁眉不展，难言隐痛，活像卡夫卡小说《审判》中的被审人。云应该合法地想念自己的丈夫龙，一个老实，靠得住的男人。云竭力甜蜜地回想他，并想写一首“缄龙颂”，可是灵感迟迟不至，昨晚的梦也许比她有意识的努力更加真实。

**蜡味梦**

哦，这是什么梦！
我一个人跑这儿跑那儿
　　　　搜搜橱柜
　　　　　　抖抖床单
我怎么这样自由
　　同任何人都毫无牵连

我结过婚吗？
　　谁是我的丈夫？
我的爱人在哪儿？

是福气？是噩运？
我在迷惘中徘徊

啊，他来了
不，是我找到了他
我看到他平静，毫无表情
　　　　稳重却无激情
我们默默地用蜡烛焊接起来

云歪了歪嘴，蜡味虽然难嚼，但是自己的选择，当然要忍受了。在那花红彩蝶闹的多事之春，姜伟伤了她的心，她至少伤了三个男人的心，虽非出于性报复。冯青每周一首诗一直为云写了三年，专程去看她时还差点死于越轨的火车下。可他没有得到她，仅差那么一点儿自信和耐心。因为当云最终回应他的爱时，他已经结婚了。婚礼上，新娘取笑他，说他是个被人遗弃的孤儿。冯青至今还对云恋恋难忘，把她捧为天上月镜中花。云的另一个追求者常峰，是个又黑又莽，外号叫“大汉”的憨小子。

一九七四年的某一天，同宿舍的一个女生对云说：“嗨，看那个楼下傻站着的大汉，他一连几天站在那儿，盯着我们的窗子。”

云向下一望，看见了大汉那张如痴的脸。

近来大汉见了云总是没话找话说，弄得俩人很尴尬。大汉既不幽默，也没有男人特有的勇气，他的执着使云很不自在。

一天中午，云的一位好友邀她到湖边散步，样子显得很神秘。终于女友告诉她说大汉请她问问云他是否可以和云交个朋友。云当时已经24岁了，对男女之间的关系已有初步的了解。再说，她还当了两年的班长，有自己解决问题的能力，她决定直接同大汉谈谈。

“你了解我吗？”

沉默。

“你今年多大了？”

“22岁。”大汉小心翼翼地回答。

“看看，比我小两岁。再说，我们两个的性格好像不大相同……”

“你要报告到系里吗？”

“这种事儿，我该吗？”

云当时觉得她把这件事处理得非常圆满。没想到大男人很少会原谅拒绝他的女人，大汉开始了对异性的报复。他先玩弄了一位年轻女教员的感情，致使她精神失常，然后他又挑逗起两位一年级的女生为他而相互嫉妒和啐骂。他一看见云和任何男生说话，便造出一大堆谣言。大汉在后来的婚姻生活中，也许会存在着某些变态行为。

后来云同龙结婚了，婚后也没有平静，又杀出了一位勇敢的硕士生，就是那个“大花猫”。他一直不放弃努力，开始他规规矩矩地旁听云教的英文课，有时候到云家里看望她，有时候趁云散步的时候，凑上去聊两句，不管怎么说，他是在努力追求一个无法实现的梦。他的反复追求使龙感到了威胁。不过，他并没有埋怨云，因为龙人太老实，太忠厚了。云对那位硕士生也没什么太大的厌恶感，被人爱慕对任何人来说都应是一种恭维吧。

## 十七

你怎么会和龙结婚呢？这个问题,云的熟人们问了不止上百次了。

云从英国回国时二十八岁，对同龄男子来说，已经显老了，不过，云毕竟是全校独一无二的海归，这种独特性引起了某些年轻人的注意，几位年长的同事也自愿当红娘，于是云大走桃花运。她面试了一个又一个小伙子，都不大对口味。聪明吧则目中无人，老实吧则显愚蠢……　马老师开始打趣她,“云，不要那么挑三捡四了。你知道周光棍的故事吗？二十年前，他是个又高又有派头的年青人，受到了不少姑娘的青睐。他面试了一个又一个，漂亮活泼吧，他认为她准是轻浮不正经；老实文静吧，他又怕她笨拙得见不得客人。当妙龄快过的时候，他下决心蒙起眼来，随便摸一个。出于好心，我带了个熟识的姑跟去见他，周光棍劈头便问:‘你见过城里的大老虎吗？’那姑娘出来后，决定嫁给了我。云，明白我的意思吗？”

云那时和一位数学系的女教师合住一间宿舍,那位教师年龄和云不差上下，看起来却水灵多了。她告诉云她已经失去了两个过后回味起来还比较理想的小伙子，现在一个追求者比上一个差，她如果同他们任何一个人结婚，前两位小伙子就会笑掉大牙。再说，她这一生中还没有出现对男性的强烈的爱。云也还没有出现对男性的强烈的爱，不过她是个实惠的聪明人，能看出中国女人上了三十，就需要借助于婚姻在社会上取得较大的自由。校园里的几位大龄女老师，整天关在自己的小屋里，很少出来，那些流言非语，如“丑得找不到个男人”"太神经了,谁敢要她”“挑三拣四的,这下活该”“不正经”“臭婊子”

“脑子不够用”“石女”“半男不女的阴阳人”—— 这些也太伤一个人的尊严了，周围的独身女性大多都显得有点儿未老先衰。

作为一个有实际头脑的人，云把所有的追求者或他人介绍的对象都冷静地像列方程式一样写下来，一个个地掂量他们的品质、条件。她为自己定了两周内“解决个人问题”的期限，为了慎重，她还给北京的姐姐写了封信。姐姐看到妹夫的竞选名单大吃一惊，忙写信责备云:“出国以后你变了，我还是觉得三年前你那种天真朴素的形象更可爱。”这下帮助云作了最后的选择，她推开了所有的竞争者，同那位单纯、朴实 、靠得住的龙结了婚。 啊，上帝——我真不知为自己的自由选择遭受了多么大的痛苦折磨。

## 十八

云开始翻看旧信件，姐姐在一封信中说：“打一开始我就看出，你和龙极不相称。”真是天大的讽刺。她匆匆看了看所有龙的来信，一月一封，封封不见一个“爱”字一个“想”字，封封都像公文电报一样简练。记得她一次问龙是否爱她，他反问道：“你看不出来吗？” 是啊 ，一天为她作三餐，怎能不是爱呢？不过．她受不了龙像她妈妈样整天不说话。

为了减轻伤感，云拿出玫的照片，那还是出国前她为玫在北京动物园亲手拍的。玫骑在一匹小马儿上真神气，她那顽皮而又富有想像的表情正像她妈妈。可是，当云的眼光落在龙寄来的一张近照上时，马上泪如泉涌。她不敢相信那个木呆呆的小东西就是她的玫。 龙像是一盏没有点亮的灯，在没有灯光的地方，连个孩子也是无法幸福成长的。

想到孩子，云的情绪好转了一些，她快慰地舒了口长气。假如我在学术上一无所成，我创造了一个孩子——女人的杰作。

**一九八零年**

“二指。”

“四指。”

为她剃了阴毛的护士用眼睛丈量着。痛如刀绞，云仿佛能听见骨盆开口处骨节松扣的声音。

“求求你，让我剖腹产吧，让它出来，嗷——嗷——嗷——我要死了!”护士看着她，无动于衷，她一定见过无数的妈妈如此这般地嚎叫、呻吟。

云在地狱里熬煎了一整夜。黎明时分，护士终于宣布“时候到了”，把她用车推进了产房。

生的那会儿还真快，小婴儿几乎是一头窜出来的，如母亲后来所说，“瓜熟蒂落嘛。”

生个孩子毕竟不是那么难，云躺在床上，差点儿忘记了妊娠生产的痛苦。二十八岁结婚，也算得上晚婚的模范。婚礼前她让丈夫作了保证，三年不要孩子。可婚后不到五六个月，她似乎就从身体的深处听到了母性的召唤，于是云和龙不再采取防孕措施，然而云却偏偏不怀孕。夫妇两个必有一人不大健全，龙体弱一些，自然像是他了。他本人也对自己产生了怀疑，无私地对云说:“要离婚的话 ，随你的便。”云听了很感动，“没孩子就没孩子吧。”

可不久，云突然感到了些异常现象，她总觉得饥饿，吃什么也填不饱浑身上下那种酸溜溜的骚动。待检查出怀孕来，她的妊娠不适之感便消逝了。“请相信我，我怀孩子从来没耽误过一分钟的工作。”云常夸耀自己。不过一点儿也不假，云没有缺过一堂课，当羊水湿裤的时候，她已经改完了最后一张考卷。

云住的病房特别大，至少躺着八个新妈妈。 一天二十四小时，乱哄哄得像是个电影院。她一时动弹不得，便只能同左右邻床的两位女人聊天。

右边床上的女人生了一对双生。 据说某地少数民族有把孪生子的母亲当巫婆烧死的风俗。不要紧，我们汉人喜欢双生，特别是女的—— 一个是另一个美的镜照。我只生了一个，不过所有的婴儿出来都赤条条的看着差不多，护士会不会搞错？还有人故意换婴儿的。云一时紧张起来，转眼又舒心地笑了，婴儿全是一样新，管它谁的不谁的呢。

“咳，我左边的那个女的怎么已经走了？大夫不说产后三天才能出院吗?”干嘛不能回家呢？云想起自己的母亲，刚从产床上下来，就忙着给全家人煮晚饭。

“她怕丢人。她生下的孩子有毛病，听说身上有个透明块，连肠子都看得见，那对小两口把孩子扔下跑了。”

我的天哪，我的孩子会怎么样呢？会不会一个手上长出六个指头？会不会没有肛门？会不会……。云又紧张起来，转眼又放松了，管它呢，好坏都是自己的亲骨肉，我决不抛弃它，我决不抛弃它。

云很幸运，她的婴儿十分完美，简直有点太美了。人们常说月子丑，只有月子丑才能长成为大美人。

## 十九

一张卡片掉到地板上，云拾起来一看，是唯一那张从中国寄来的圣诞卡，卡片上的笔划很眼熟，不错，是孟浩的手迹。作为系主任，他是代表武大外文系向外国留学生传达问候的。一阵悲凉感，因为孟浩原是云半秘密的情人。用半秘密来形容他们的关系最合适，因为他们敢于公开交往，然而 谁也说不准他们到底是否有那种关系。从未被逮住过，说明了他们的清白。事实上，他们还真做过一次爱。

一九八四年，中国男女私情还处于各级领导和人民群众的严密监视下。李华和马军被逮住了，受到了全校的啐骂；宋理因和一女性发生了关系，却企图和另一女性结婚被闹得里外不是人，调资提升都受到了影响。居心叵测的人们也以孟浩闹离婚并和云有勾搭之嫌，把他从系主任的宝座上拽了下来。

云虽然思想较解放，行为上还是一惯保守的。不过，公众的压力激怒了她，把她逼上了梁山。晴雯和贾宝玉互换兜兜的悲剧情景比任何时候都更使云感动。那时云的丈夫在北大进修一年，长期不在家。一天晚上，她把一位试图强暴她的研究生从家里赶了出去；第二天她请孟浩过来，他们做了爱。一个女人为什么拒绝一个而接受另一个呢？那位研究生自然年轻得多，模样也英俊。不过，云把她的出格行为视为一种反抗，一种对社会习俗的蔑视。

与其说云和孟浩是情人，倒不如说他们是竞争伙伴。他们俩协作搞科研，云的时间多，自然干得多，可到了发表时候，两人便产生了怨意。孟浩不愿把名字放在云的后边，因为他是个男人，又多喝了几年墨水。妥协一下，双方只好采用一个两个字的笔名，每个字暗指一个人——这种特殊的意义只有他们两个人知道。无论如何，总不能说他们俩相互无情无义。清晨，孟浩常兜一个大圈子，特意跑去瞥两眼在操场上学打太极拳的云。一次电影已经快演完了，孟浩突然出现在云的旁边，原来他刚在校党委开完会，他俩一同出去看了会儿月亮。云也经常借口业务问题，三番五次地朝他和儿子同居的小屋里跑。他儿子个头快赶上爸爸了，很有人情味。到了想女朋友的年龄，他对云说，她和他爸爸的关系真令人羡慕。

云和孟浩很少谈到爱，孟浩对传统妇女的贤惠品质的赞赏常使云倒胃口。 提到人们背后对他俩的议论， 孟浩就会认真地说："我们俩配在一起会使系里的人感到太强了。"系里的人们，也许觉察出了这种威胁的来临，千方百计地阻止他们。

来美国之前的那个夏天，云和孟浩一起业余教夜校。 黑夜里骑车回家，孟浩总喜欢骑在前边，然后招呼她，"跟我走。"谁跟谁走的确是他们俩争执的核心。孟浩离婚成功了，可云并不想跟她结婚，像牛郎织女那样，他俩被太平洋隔开了。三年后的一天，云接到了正在访问哥伦比亚大学的孟浩的电话，他说他的第二次婚姻并不幸福。娶了位护士加秘书的理想太太，又恢复了系主任的职位，不久便可当上正教授了，他还有什么欲望没有满足呢？

云又仔细看了一番那张公事公办的诞圣卡片， 她记起刚到美国时，她曾经给孟浩寄过一张卡，卡片上没有写一个字，然而却印有上百个"爱"字组成的图案，他们谁都未能征服对方。孟浩的那句口头禅"跟我走"在云的耳际鸣响，直到她写下了下面几行:

太阳真明亮，
我仰慕他的高度，
以少女的眼光，
含情地观察着
他运行的轨迹。

他请求道，“跟我走吗？”
我缄言踱在他身旁，
　　不前
　　也不后。

月亮真漂亮，
火热的太阳边说
边用万道金线
　　牵着身下万物。

“跟我走吧。”他邀请道。
她以同样的光距
　　　　　绕着他转，
　　　　　　　无前
　　　　　　　也无后。

太阳说他不知盈缺，
太阳说他从不下雨，
太阳说他脸上没有黑子。
“跟我走！”他命令道。
“不，我情愿一个人孤游。”
兰色的月亮瞬息即隐去，
　　　　没前
　　　　　　也没后。

## 二十

云对往事的思念从孟浩滑到了吉姆身上，吉姆似乎是云对孟浩的感情转移。相比之下，吉姆更讨云喜欢，因为他比孟浩敏感性强。可是云和吉姆之间的鸿沟更大了——他是她的赞助人，指导老师，和授课教授；而她呢，却从舒适的大学教师的位置降到了在国外挣扎的留学生窘境。云时常提醒自己不能忘恩负义，可她对吉姆难免有一种抵制倾向。苏珊去西班牙教学走了以后，吉姆曾邀请云和他一起到宾州大学去度周末，云谢绝了。

雪莉夫人听说后，挺失望的，"为什么要谢绝他呢？他把你从中国弄来的，是不是？" 接着，雪莉又大笑起来，"吉姆生于蝎子月，能看出他是个好色鬼。不过，我年青的时候，从不在乎和上司睡觉。"

云感到自己受到了惩罚。吉姆不在时，她每天要步行二里多路去喂他的狗。宾州秋雨凶猛，暴风把她的雨伞吹翻了两次，拼着命合伞的时候，她跌了一跤，膝盖伤得很厉害。吉姆离开埃丁堡到西班牙去看苏珊的那天夜晚，云到他住处送别，他们俩谈得挺热火的，但也不时有点儿小排斥。 有一会儿，吉姆动了情，问云是否愿意上楼温存一下，云知道他的意思，但佯装不解。过后，她有点后悔，因为她那会儿也确实受到了性吸引。最后，他们同志般地握了握手，告别了。

在这个孤独的圣诞节里，云想起吉姆，有一种油然而升的情和爱，或许是因为他已经离开了。

恨，近而紧张；
爱，远的幻觉
　　　　却有无限的美力。
不冷不热是黏湿的海风，
无所谓是眼球的白内障——
看见犹如没看见。

在云和吉姆之间存在着爱、恨和怨。 然而他们从来做不到视而不见，无所谓，他们的友谊是建立在相互关心的基础上的。她给他寄了一张圣诞卡，上面写着：

一张卡片？
不，一根羽毛，
不远千里，
带来圣诞的问候。
礼虽轻，
意倍重，
心更甜。

来自一位朋友，
近在咫尺，远至天涯。

## 二十一

那天夜里云没有克制自己入睡，大脑失去意识时，便自然地溜进了梦乡。早上，一缕阳光从窗帘的缝隙里射进来，调皮地跳跃在云的眼皮上，把她逗醒了。嗯，今天我该做些什么呢？从没感到有这么多时间，这么少的事情可做。她拔上靴子，慢打慢悠地走到学校图书馆。门开着，里边却几乎没有一个人。她走到报刊杂志部，乱翻一气。不一会儿，来了个教育系的教授，叫西蒂亚，她的高额骨和棱角分明的脸型给人一种能干而又执意的感觉。攀谈了一会儿后，云便跟西蒂亚到她家去饮茶。西蒂亚刚为自己买了栋四卧室的大房子，里边有学习室、缝纫室、作画室，和放着张王后号大床的卧室。来自人口众多的中国，云连做梦也不敢想拥有一座房子。 她对自己吃、住、睡、工作混合一体的小房间已经十分满足了。不过，她也特别喜欢大床，一半自己睡，另一半让给书、笔 、字典之类。云虽不是个肮脏的人，但她的屋子总显零乱。就这个乱劲，她才觉得舒服。东西一放整齐，她便记不得该用的都上哪儿去了。西蒂亚准备茶的方式很高雅，这个，云在英国人家里已经见识过了。啃着饼干，抿着热茶，她俩愉快地闲聊着。

“就你一个人住在这所房子里吗 ?”

“是的，我喜欢一个人住。”

“没结过婚?”

“嗯，以前结过。不过，我把丈夫离掉了。”

“因为他对你不忠诚吗?”

“不是。我把他离掉，是为了使他成为一个独立的人。他过去太软弱，事事依赖我，像个小孩子依赖母亲那样。离婚后，他就不得不在世界上独当一面了。后来，他又结了婚，现在有两个孩子。我们一直保持着朋友关系，现在关系更好了，因为他终于在感情上和责任感上长大成人了。”

“你们还见面吗？”

“有时见，但越来越少，他的妻子和孩子越来越离不开他。”

“那么你自己呢？你还打算结婚吗?”

“不怎么打算。我已经上四十了，在美国，像我这个年龄的女人很难吸引与自己年龄相仿、学问相配的男人。男人无论多老，都喜欢娶年轻的女人，全世界都如此，你说是不是?”西蒂亚的话音里露出一丝孤苦悲凉。

西蒂亚说的似乎不是她的前夫而是云的丈夫，假如孤独是解放异性的回报，云不打算那样做。她很自私，不可能以毁灭自己的代价去解放对方。

## 二十二

春天到了，雪莉太太请云搬出去。云很吃惊，她一直和老太太相处得不错，像母女俩似的。云来以前，雪莉太太自己守着一座孤零零的空房，常怕盗家劫舍的，夜夜睡不好觉。现在她每天睡得直打呼噜。圣诞节前，家里的电话不停地响，可每次一接电话，就断了。还有一天半夜，有个人猛按门铃，要送一个他们并没有订购的比萨大饼。云看见雪莉太太伤心落泪，很同情，了解到原来是她办公室里的一位年轻人，野心勃勃地想夺她经理的位置；不成，便设法捉弄她。另一些时候，雪莉太太热心地帮助云，阅读她申请其它大学的书信，给她出主意。她告诉云，在美国一个人一定要“敢于拍卖自己”。被先生遗弃后，雪莉走出家门，当上了一位推销员，她从未上过大学，但人们都以为她得过什么博士学位。不管怎么说，在她自己的岗位上，她的确不亚于任何博士。

“你为什么要把我赶出去?”

“因为你这个人不注意关心他人，你偷走了我的儿子。尼克每次来这里都只顾和你谈话，好像这个家我不存在了似的。”

云想起了每当她打扮好出门时，老太太脸上那种渴望不得、若有所失的表情。她想起搬到雪莉家不久吉姆警告她的话，“云，今天我遇见雪莉太太了，你猜猜她对我说了些什么？她认为你和他的儿子有拉扯。云，你并不喜欢那种女性十足的男人，对不对?” 实际上，云觉得女性十足的男人要比男性过盛的男人易接近。

她对尼克是有点好感， 那也只不过是男女之间无害的一种异性吸引罢了。 好像是坐火车， 虽同某位旅客产生了异性吸引，一到站便各奔前程了。 一次有位火车旅客，是个苏州的年轻知识分子，写给云一封信，几经周转才到了她手里。信上说，他特别喜欢云的开朗性格，曾到她学校去找她，可惜名字没记对，连她到底在哪个系也搞不清，真像是大海捞针一般。不过，他并不泄气，又搭上火车，到了云的家乡南阳。因不知她住的街门牌号，他只好住进一家旅馆，呆了三天，期待奇迹的出现。云读完信，挺感动的。不过那个人激动之下，竟连自己的地址也忘了写，双方留下的不过是一个美好的回忆。

尼克显然是受到了更强的性吸引。他和母亲、云一起去超级市场买东西时，总要忘记纸条上所写的应买的东西。以前他很少看望母亲，现在勤快得一周两三次。云知道他们之间绝不会发生任何关系，只不过会随着时间的推移留下一丝愉快的回忆罢了，母亲的嫉妒实在不必要。弗洛伊德探讨了儿子的恋母情结，却对母亲的心理注意不够。

**一九八五年**

一天英儿扎进门就哭得说不出话来， 云大吃一惊，几天不见，英儿的头发都快白光了。 这是怎么回事儿? 她才二十七岁，一个爱唱爱笑的女人。

“有件……有件可怕的事发生了，……不过，不过……没一个人相信是真的。”

“别哭。告诉我——我相信你。”

“两周前我婆婆来看我们。你知道，我们只有一间房子一张床。于是夜里，我丈夫王刚睡在左边，他妈妈就睡在我右边。大约一周以前，有天夜里我被一种结过婚的人所熟悉的那种动作弄了个半醒，我认为王刚在手淫。可当我无意将手伸到右边时，发现是空的。我一下大醒过来，吓得连灯绳也不敢拉。我静静地躺着，听到他母亲从儿子那边下来，用尿盆，然后溜到我右边的床上。我简直无法形容所受到的刺激，一连几天我除了哭什么也干不成。王刚问我怎么回事，我无法说出口。可当我终于说出口时，他矢口否认，大骂我是个疯子。我把真情告诉了领导，领导也都认为我疯了，用自己的幻景诬陷好人……”

“我相信你说的都是实话，根据弗洛伊德的理论，母亲和亲生儿子的性爱是可能的。”

一听说有什么大理论可以支持她，英儿平静了下来。

“现在仔细想想他们母子的关系，我可以记起许多线索。王刚说过他爸爸死得早，因为几个孩子中他最像他爸爸，所以妈妈对他最疼爱。一次他住医院，他妈妈就提着他的小鸡，帮助他小便。 现在他和他妈妈一年见两次面， 不是他上天津去看她，她就来武汉看我们。我请求王刚不要再跟他妈妈往来了，他感到我的请求是一种侮辱，听了我的，就意味着承认他和他妈妈真有不清不白的事了，你说我该怎么办?”

“你可以要求离婚。你几次埋怨说王刚对学校里的女孩子们动手动脚的，我认为那种行为要比出于同情心同他妈妈发生暧昧关系更卑劣。”

“他手里也攥着我的把柄，我告诉过他我十七岁的时候被奸污过。”

“那也不是你的错，再说已经过去了。”

“那个人奸污了我不止一次、两次，一有机会他便下手。”

“你父母是怎样看待王刚的反常性行为的?”

“他们不支持我们离婚，我爸爸不让我声张此事。”

云有点儿怀疑，或许那个屡次性虐待英儿的就是她的父亲。云知道英儿想听她说:“那就别声张了，人类也许只有通过妥协才能生存。” 但云坚定地说: “如果我是你，我就离婚。”

尼克顺从雪莱太太的命令,开车把云送到了另一美国人家里。他们两人都感到很没意思，在他母亲感情的干扰下，他们之间连值得留恋的好感也不必再存在了。

## 二十三

能到格林家去住真是一大运气，格林家是一个快活、健康、典型的美国家庭。“典型”这两个字也许不那么准确，只不过反映云的感觉罢了。实际上，格林夫人，不如叫她梅吉，说她永远也不愿加入美国国籍。现在她仍是一位加拿大公民，以此身份，她时常同格林先生在美国外交政治上发生争执。

梅吉是一位了不起的女性，较好地取得了女人、母亲和妻子三种角色的平衡。她让云搬进来，是因为她忙于作硕士论文，无暇干家务活。她正积极准备进入博士学习，格林先生几次以赞许的口气说："科利斯上小学以后，我真不知道她从哪儿搞到了奖学金和贷款，开始了她的高等教育。"格林夫妇有三个孩子：大女儿十三岁，一头金发，像是童话故事中走出来的；二女儿，可爱大方，活像她妈妈；科利斯最小，是个小天才。云一搬进来，科利斯就以一位学者的态度问她："中国人为什么用筷子？熊猫为什么吃竹笋？"

梅吉有空儿便喜欢和云一起说笑，她说阿特（格林先生的昵称）到了中年，比以前好看多了。言外之意，就是说阿特年轻时在她的眼中四肢过长，相貌不扬了。梅吉说那时她并不爱阿特，而是爱上了一位军官。她爱那军官爱得要命，一见他浑身就颤抖，爱得无法生活在一起。当阿特从美国一路开车到加拿大看她时，她知道他们是注定要结婚了。

"幸福的婚姻是活的，是不断生长的，婚礼只是始端。双方都要保持罗曼蒂克的创造精神；否则，婚姻将会僵化、痛苦，甚至窒息。"云喜欢听梅吉的这些生活道理。

梅吉不光说，还用到实践中去。无论多忙，她总忘不了请阿特，像请情人一样，上高级饭店，看电影，或去海滩。每次他们外出浪漫去，云便呆在家里替他们看孩子。实际上，美国的孩子从四五岁起，自理能力就很强，从不需云帮什么忙。云在那里只不过充个大人样，让孩子们感到安全就行了。每次梅吉回来，便把孩子们带到麦当劳吃一顿，孩子们高兴极了，恨不得让他们父母天天出外浪漫。

格林一家人都很会为人，喜欢周末请朋友吃饭，也喜欢出去吃饭。埃丁堡的教授们组织了一个美食俱乐部，每月轮流到一个家庭吃喝谈笑，格林夫妇总爱带云一起去。一次，大家吃饱喝足以后，坐到一起谈论人生初恋。有个人说他的第一个恋人是幼儿园时的阿姨，另一个说他的是小学时的老师，另一个说她的是院里一个常害病的小男孩。当人们一个个把心中的隐私猫放出之后，突然想起了云，一齐要她坦白一下自己的第一个恋人。

“嗯，嗯…… 我真不知道二十四岁以前是否恋过爱。”听众哄堂大笑起来，连孩子们也不例外，这里不满十岁的学童已经有了自己的男朋友女朋友。

另一次美食晚会上，云看见玛莉和一位年轻人坐在一起，玛莉用手抚摸他的大腿，亲昵地用肘碰他，并不时地看着他，馋涎欲滴。梅吉告诉云那个年轻人是玛莉的丈夫，一位从沙特阿拉伯来的学生，比玛莉小二十三岁。云想起来那位年青人曾带两个小孩一起光临过她工作的麦当劳，他那时穿着流行的大印花裤头，也像个小孩。

玛莉可真行，梅吉说，她想要个孩子的时候，就跑到军营里和一位军官做爱。见过她的孩子吗？ 一个漂亮的男孩。玛莉不顾公众舆论，大胆地同这位花花公子结婚。这小子还不足二十岁，除了要钱什么也不懂。她给他买了个跑车，还把他搞到宾大去读书，当然她还为他租下了一个昂贵的公寓，到了周末，她便开车到费城去与他罗曼蒂克一番。她不在的时候，这小子整天和校园里的姑娘们胡混，还学什么习呢？一天，有位著名的法语教授，一个单身汉，到玛莉系里来讲学，还要在玛莉家住几天。我想这下玛莉该同那位教授发展点关系吧。谁知道，她不辞劳苦，连夜把她的花花公子接回来，像个温顺的妻子那样，把他恭恭敬敬地介绍给那位教授。

五月初，几位从秘鲁和巴西来的朋友到格林家吃饭。临走时，从秘鲁来的那位男子同每人拥抱一下，到了云，他怔了一下，同她握了握手。也许因为梅吉告诉他云是个中国人，也许云眼里某种不安的神情阻止了他。

云想起了一次拥抱灾难。那是一九七七年，她和一组中国大学老师由政府送到英国去学习，由于红色中国的影响，经常受英国左派的邀请去参加各种活动。一个周末，他们到谢费尔德城钢铁和煤矿工人的家里去体验生活，跟房东一起去参加了个工人与左派革命者的联欢晚会。会上工人们请中国学生唱歌，他们就唱“五星红旗迎风飘扬，我们的歌声多么响亮……”不等唱完最后一句，一位年轻工人激动地走过来，拥抱云，说她唱得真美。接着，工人们开始唱了，他们唱了一个又一个，起头是“我们要战胜一切，我们要战胜一切……”但很快就滑到了爱情民歌。史蒂文，一位挺有名气的英国共产党员，非常恼火，大骂工人们“不开化”，工人们反骂他“臭小知识分子”，晚会不欢而散。回到伦敦学习的学校后，云受到了组长的严厉批评，组长说史蒂文在晚会上吃惊地看到一位年青人和她当众“拥拥抱抱”。云抗议道，“大使馆告诉过我们，拥抱是西方的一种风俗习惯；再说，他拥抱我，也不能算我的错。”没料到回到中国不久，孟浩北京出差回来对云说，高教部都知道她在英国时的丑闻——竟在光天化日之下和她的教授吻抱。孟浩说着露出一丝猥亵的笑，好像天下女人无一不是有缝的鸡蛋，招苍蝇。

与拉丁美洲人相比，云深感革命剥夺了中国人的感情、性爱、和肉体接触。她的中国祖先都是清教徒吗？谁说直到十八世纪“吻”字才进入中国语言的？即使文字上没有记载，他们也亲嘴亲了几千年，只是在当代，那些生在一个特殊时代的一代人才失去了爱的传统。云玩味着“爱”字的繁体与简体的差别:

**中国爱**

我爱古汉字“愛”
因为它有一颗“心”
当心消逝在纯“友”谊里
便成了柏拉图式的“爱”
或许太清教式了——
它是我的一部分
正在扼杀我——
胸腔的狱骨
保护亦
囚禁着心

阿特也是个有趣的人。除了教传媒通讯外，他喜欢木雕，云说:“阿特 (Art 艺术) 是神奇的，给枯根扎上永恒的翅膀，从麻木的丑中唤出精致的美。”阿特获过文学硕士，和云特别谈得来。一天，他拿出老朋友波特的诗让云看，云很感兴趣，边欣赏边选译了一二十首。诗的翻译为云已经觉醒的诗敏感添上了双翼。那几天，无论什么都在她的心中酿韵作拍，格林家的白猫跑了过去，云说这个猫真胖！梅吉说她英文元音发音不准，把猫 cat 念成风筝 kite 了。 好吧，风筝就风筝好啦。

虽然我有翅膀，
虽然我能飞翔，
比麻雀窜得高，
差点溜出幻想。

一条无形的绳线，
把我同大地牵连；
哪怕凌云如鹰，
不过是只纸鸢。

## 二十四

吉姆曾经对云说过，埃丁堡大学只是她进入美国的大门，翅膀一硬，她就应该飞到一个更好的大学去。云申请了伊利诺斯大学，全为那里免了她的申请费，同其他从中国大陆来的穷学生一样，云千方百计地寻找资助，她觉得自己沦落为美国的乞丐了。

有什么我没有勇气
　　打电话
　　　　我却有胆量写
有什么我不好意思
　　亲手交
　　　　我却可以邮寄
有什么在我的心中
神秘，铤而走险地
耍野

像草原上的烈火
燃烧——燃烧——燃烧
有什么在我的脑盆内
婴儿一般　　手舞足蹈
有什么像种子的胚芽
冲破表皮的束缚
准备
上窜、开花、结果
有什么在上空
打了个响雷：
该把你的野雁收回来了
管它是黑还是白！

不过，我亲爱的雕像座或断头台：
蹭在时间与金钱的刀锋下
用一根还不会摇动的
语舌
我能够成功吗？

天气炎热起来，暑假到了。格林一家要到温哥华去避暑，当大家七嘴八舌地向云再见后，云有一种再也见不到他们了的感觉。看着自称“小人物”的阿特开着一车笑脸驶上公路，云的心里有一种说不出的滋味。

说罢再见的时刻
一种异样的眼光唤醒了我
我知道我不知道为什么我知道
你知道也许你下意识地知道
一种未来的怀念之情
提早涌上来
格林们友好的情谊
在记忆中闪掠
再见吧，每一个朋友和“小人物”

这不再是"一会儿见，短吻鳄"——
"呆会儿见，长鼻鳄"
这次可真会是"好久不见"
心中一个提早孕育的胎儿
莫名其妙地哭起来

## 二十五

云一个人留在格林家空荡荡的三层大房子里，自己的窝安在顶楼。她正在阅读《顶楼上的疯女人》一书。她住的顶楼有四间卧室那么大，几根梁柱顶着高低不平的天花板。她把桌子床都摆在一个角里，活像成了个哨楼。坐在小窗子旁边，看着下边的行人，忙如漏网之鱼，只有她一个大闲人，仅这种懒闲就会把一个女人惯成神经病的。云进行着顽强的抵抗，她在寻找伙伴，那叽喳的的麻雀是街上的长舌妇，够不上她的品味，三株绕顶楼的树却引起了她的注目。

**白桦**

蔽日　夸海
成熟的顶峰
市侩气
衰落的前奏
腐入木心
平庸

**无名枯枝**

你是谁
　　普鲁弗洛克？
半死

半坠地吊在
钢丝绳上
看起来却丑硬
粗莽　疮痍满布
截断的胳膊　拐着的腿
干得拧不出一滴泪
僵死的躯干上无数针尖大的智慧
悼亡诗中锤炼出的冷漠

**柏树**

皇后躲在屋后
我却知道你在那儿
潇洒的青春——
标致的活力
我渴望认你
作终身贴己
然而　我也害怕你
你守在我身边
你在悄悄地溜去

闷热的黄昏中，云对着三株树高吟对它们的颂诗，三株都全无反响，连树叶也不摆动一下。面对这种木哑的听众，她是不可能独演太久的。

电话铃响了，一个箭头冲下楼去。太晚了，云不甘心，坐那儿守着。果然，又响了。拿起一听，又是那只大花猫。他这次邀请她到芝加哥去渡假，还说替她在一家中国餐馆找到了工作。他是怎么知道我的新址电话的？他怎么会知道我现在很孤独？不管怎样，这个邀请很诱人。第二天一早，云就去打听乘“灰狗”长途汽车到芝加哥的票价，还真便宜。

去还是不去？云在酷闷的仲夏夜里翻来复去，当黎明到来的时候，她决定了，不去；但内心里充满着矛盾。

脑中的一场大屠杀结束了
滞呆医治着心灵的创伤
我倒是胜利者还是失败者？
假如我是胜利者
　　为什么我的心变得这么麻木
　　无法引出胜利者的喜悦？
在心的壁洞里
　　一种神秘的声音啼叫着：
哈哈
　　还是笼中的一只青鸟
　　一只被看家狗守着的野鸡
不过 …… 我虚弱的心
　　威严地辩护着：
并不是我不愿意逃出牢笼
在没有神壇使我献爱之前
笼子总比捕鸽的网子要好

带一种自嘲的微笑
胜利者的心又补充道：
　　通向另一世界的钥匙
　　真正地掌握在我手里！

## 二十六

暑期课最后的一天，云去了趟系里。她碰见了肖教授，和他聊了一会儿。吉姆走后，肖教授成了研究生的负责人，也许出于对海外孤儿们的关心和责任感，他盛情邀请云和他的太太及儿子一起去扬子城玩，云高兴地答应了。与此同时，云也为自己在他班上的调皮感到内疚。

“终于轮到我发言了，我很瞌睡，刚才差点迷糊了过去……”云是这样开始她的讲演的。一方面她说的是实话，另一方面她是想开个小玩笑，逗逗听众。不出所料，全班大笑起来，连睡着的也被惊醒了。这是云最得意的一次口头报告，每一个论点都是她自己的。通过肖教授的引导，云采用了女性主义分析的方法。她告诉听众，从女权主义的观点看来，伊丽莎白·卡斯凯尔的《可兰福镇》只能算是个女性小说。云分析了小说中的各种寓言象征，并把那个号称亚马逊女镇上的各阶层成员画了张图。她说“文质彬彬”和“粗俗”是小说反复出现的关键词，表面上“文质彬彬”是女人的标志，而男人以“粗俗”昭著。然而，从语言学上寻根求源，“文质彬彬”是由“绅士”引申而来的，“粗俗”却与女人的阴门相连，这真是一大反讽。此外，小说中的布朗，同中国电影《红色娘子军》中的党代表洪常青一样，是船长。而迈蒂，如她柔和的烛光，只能是社会大轮船上一块擦脚的门垫。“射死爱神丘比特”是那些贵族老处女们的力量，也是她们的弱点……。

全班都被云的发言吸引住了，结束时，掌声雷动。汤姆主动要开车送云回家，他赞不绝口，“云，你写得太棒了！我就不喜欢听那些东拼西凑的作者生平介绍之类。”

第二天，宋彬也祝贺云一番，说云的发言是全班最好的，云有一点得意洋洋。可是，没想到，她的讲演报告成绩是C+；宋彬的报告差不多把全班都催眠了，还得了个A-。肖教授很快解了云的疑团：(一) 你对其他同学毫无尊敬，竟说他们发言的时候，你差点儿睡着了；（二）说不用给作者生平介绍，你蔑视了那些按照我的要求而作的学生；（三）你的发言超过了我所规定的二十分钟。我还能说什么呢？太对了。我这么骄傲，这么自私，竟把他人的尊严和情感全抛到了脑后，C+的惩罚显然是太宽大了。不过，云还是有点儿调皮劲，她写了个幽默的小条放在肖教授的办公室里。

亲爱的肖教授：

谢谢你给我的讲演报告一个“加”号，不像“减”号，“加”号是向上的标志，它给人以希望和鼓舞。

你的学生

余云

实际上，在埃丁堡云最喜欢肖教授的教学了。当他在班上放《莎乐美》的音乐时，云的身心颤抖得如同《磨坊青苔》小说中的女主角培莉娃那样。她羡慕肖教授深奥的知识和雄辩的口才，不过，云也觉得好笑，一个能对女权文艺理论感兴趣，对妇女作品夸夸其谈的学者，竟不愿放弃课堂上的父权家长地位。云看出宋彬和肖教授互有好感，她羡慕肖教授学术上的雄威，他喜欢宋彬的娴雅。吉姆说宋琳具有大家闺秀那种贵族“美”，而云呢，却只有种叛逆性的野味。

## 二十七

云在扬子城商业中心玩得很痛快，肖教授夫妇请她在红龙虾和北京园饭店分别吃了午餐和晚餐。肖教授干什么都讲究风度，她的妻子也一样，落落大方，还特意为云买了一罐荔枝和一袋幸运饺，云很感动，想起爹妈对她不错的那会儿。

他们把云送到家门口。云一进门，就撕开袋子，掰开一个幸运饺，里边的字条说：富贵和名气在等待着你。云失声笑了起来——中国人总是喜欢扯些令人愉快的谎。不过，是一种好运的预兆，而好运总是不单行的。当天晚上，云接到了一个伊利诺州大学打来的电话，说她得到了英文助教的职位，可以转到那里去完成硕士。云马上打电话去征求肖教授的意见，肖教授说伊利诺斯是个有名气的大学，当然应该去。可后来，当云请他为她申请博士学习写封推荐信时，他当面拒绝了，因为云在转到伊利诺斯之前，已经接受了埃丁堡的助教聘书。这件事使云对肖教授的敬意有增无减：朋友是朋友，原则是原则。在中国很难找到这样一个正直的人，在那里私人的情意往往随意扭曲原则。

一旦有处去，有目标可追求，一个人的精神就瞬间释放了出来。云跑到埃丁堡墓园，在夏雨刚洗刷过的晴空下，尽舒她的自由精神。

有个自己的角落多么美好，

同居着呼啸的树木
　　和哑巴似的的墓草。

揉揉发邹的皮肤，
呼出第二春的气息，
跑啊跳啊尽展我的双臂。
谁说我是靠施舍为生的乞丐？
吟啊唱啊
　　随着想像的波幅舞蹈。

轻佻的坟头同我一起旋转，
受惊的鸟儿怎能欣赏心灵美？
挺起胸肌寻找自我之爱，
没有人能摸到我自恋的阶梯。

独白或自语是发疯的前兆，
管它呢，我早已住进了顶楼。
国外废墟中我获得了最大的自由，
思想的喧闹与愤怒再不必绕着禁令走。

# 第二章　丑小鸭的天鹅歌

任它标题咋说
事实与其相反
不是一只丑小鸭变成了天鹅
而是一只天鹅，拔光羽毛
返祖为丑小鸭
一直堕落之歌
一曲反常的音乐

滴吧滴吧，血的泪水扎韵行
抽吧抽吧，颤动的泣鼻打拍节
疯狂的狂喜闪着幽默的黝黑
失落过的心对着
污泥中长出的荷花
憨笑

## 一

姐姐，你信上问我在伊利诺斯大学阿巴那—香槟分校过得怎么样？一场恶梦，不过已经过去了。痛苦得使我不愿再想起它。不知咋搞的，一切事情都反了过来，和我作对。我被指控抄袭，我的肉体遭到了污辱，我的诗灵丧失了，我的大脑变得支离破碎。假如你真想听一个神经病人的故事，就请你耐心点儿，自己从我下面的一堆书信里挑选编织吧。

这些天我情绪极不稳定，一会儿，无名的愤怒使我变成一个肆意耍野的精灵。

你
野精灵
一急不可耐的火箭在倒零时
射向那无孔的
天空

你
野精灵
一疯狂旋转的井钻
让热血从大地的心脏中
喷出

你
野精灵
一划破荒野的凄厉声
把多舌的通天塔横扫至
草根

你
野精灵
假如你不是自杀性的流星
你必须有龙卷风中心的
慧眼

又一会儿，我被失恋者的阴郁揪住，难于自脱。

我端着咖啡杯
　站在镜前
我的心在一中变幻无常的重力下
　无声地呻吟

黑色的胆汁涌出
　顺着手指尖那参差不齐的漏斗
　　滴进杯子里

焦裂的嘴唇呼吁着：
　大笑吧，要不就大哭一场！
我的耳朵，伸伸脖胫，却听不见
我的眼睛，鞭抽几下睫毛，也看不见
我高度敏感的神经，什么也感觉不到
谁可以让我哭或笑——我
愿给他一座金山！
天上的金山，银山，钻石山
　相互回应，粗旷大笑，挖苦嘲弄
因没有一位天神敢向我领赏

我的嘴唇吻了下杯子的口苦
　仰首饮下了全部的忧郁剧毒
　目空一切地把杯子摔在地上：
不能大笑或者大哭
　你就死！
　　死！

死！

## 二

可曾记得半年前你收到我从阿巴那寄出的第一封时，你回信说："丑小鸭，你这回终于变成天鹅了。" 我当时也有同感。在埃丁堡时我已经开始用英文写些小诗，真不敢把那些胡划叫作诗，它们全是一种自发式的，无局促的小野花，你知道在中国的时候我对诗毫不感兴趣。

上学期我碰巧选了一门英国浪漫主义诗的课程，也许写小诗已使我轻飘起来，很快我便被那门课的教授迷住了，他的声音格外地具有音乐感，他那年轻潇洒的派头使我把他当成了拜伦或雪莱的再现，他终于成为我的缪斯，引我写下"啊，啊，啊——浪漫诗滑稽模仿"这首长诗。你几番请求我把诗寄给你看看，我那时怎好意思寄呢，现在我变得这么丑，也不用再顾忌别人用手术刀剖解我的内心了。

**啊，啊，啊**
**——浪漫诗滑稽模仿**

**1**

啊，奥兰多
你究竟是什么？
看见你我看见了亚当
听见你就听见了田园曲
一只春峰乘风孟浪
　　去引逗迟开的牡丹
却使我感到萎缩得
　　像把扫帚苕
我婚姻的丝带
　　在空中飘摆
谁知道谁会
注意和在乎？

我不知是自由还是已被捆绑
　　却见伸头探脑的花儿
　　闪现在你的身旁
也许我有魔力逮住你的心
　　却无法创造
　　现实中的浪漫
从不敢梦袭天堂一夜
只能珍惜巧遇的片刻
身挨身　如此近
我仿佛听见我们饥鼓声
　　同步共振
尔后，那些片刻在记忆的望花洞中
　　翻新
　　　　　十倍
　　　　　　　　百倍
　　　　　　　　　　　无数倍
去填补我终生悲凉的间歇
难道这就是有意识与无意识
　　爱的合流？
难道这就是最初、最终、中点和
　　永无终点？

**2**

啊，Dryle
一个多么陌生的名字！
我钻出辞源，漂过辞海
　　耗尽了脑库中的淡水
　　却只能泊在“德莱尔”码头
我知道这意味着什么——
它永远不能同化进汉语
就像我的名字“云”

没有哽咽之痛
永远也无法浸入英文
然而
　　我希望
　　　　　我希望
　　　　　　　　我希望
我希望我的愿望能实现一眨眼
　　之后我愿死去
　　我愿化为灰蝶
愿作你最不起眼的守墓小花
　　看着蝙蝠在末日的上穹
　　盘旋

**3**

啊，你是一只老虎
　　我也是一只老虎
我预言我们要争斗
你相信我们可以结合——
那必定是种可怕的对称：
老虎与绵羊介与天堂与地狱
　　的联姻
你害怕了？也许
也许，逃走还为时不晚
让一只射进白天的灌丛
另一只藏入黑夜的森林

这首爱情诗是以威靡姆·布莱克的诗《老虎》和弗吉尼亚·沃尔夫的小说《奥兰多》打掩护的。两性的奥兰多，那位教授和我都是三十六岁，那我们一定都生在虎年了。你记得我不但生在虎年还生在狮月，对吗？

写完那首诗后，我画了一枝非牡丹非玫瑰的红花，穿过它有一只灰色的怪物，像只黑蜻蜓，又不像。

这是什么？
牡丹还是玫瑰？
蝴蝶还是蝙蝠？
眼睛像老虎，
触须像风翎
身体像蜻蜓
茎像扫帚棍

回响
辉映
打得青一块紫一块
淌血
缝起眼
模糊成哭叫的旋涡
放开眼
又拼成了极乐的姻盟

## 三

姐姐，你怀疑我爱上了那位教授，也许我爱上了他，不过与一般的爱是不同的——他是我浪漫主义的偶像，是我的缪斯。仿佛他给了我一根魔仗，无论我用它点到哪里，那儿就会出现一首诗。看着站在荒芜的后花园里的那棵秃松，诗行便像蚕吐丝那样溜了出来：

冬在侵袭
　　自弃的花园
花抖掉瓣儿
　　为吮最后的晨露
树挥霍掉绿色
　　为吸引过路人再看一眼
秃松威严地立在园中
　　躯干内涌出通天塔的嘈杂声：

多少个逝去的银冬
　　羡慕我的四季常青
多少只幸福的鸟儿
　　在我裤裆里做窝
而现在，野鸡飞走了
蝴蝶不再绕着我的膝盖转
连小松鼠也忙着寻找新的游乐场

雾雨抽打着我的皱皮
　　撕扯着我的心肌
一片萤火虫闪来
　　吓得我连忙缩头
陡然我看见牵牛花的青藤挽着我
她的小手那么嫩绿
花喇叭却白里透红
像条水蛇婀娜
多姿地扭着我的身板
盛开中她哼出了
我老化了的肺腑之音：

亲爱的小宝贝
不要悲伤
骑在翡翠翅上
爱的游丝带你飘荡
莲花瓣儿簇拥着你空心的躯干
缪斯的纤指一拨情曲唱
圣诞时
　　你不用怕孤单
我羞红的铃儿会成夜
　　响叮当

这段时间我每天都写一两首诗，我的灵感并不限于爱情主题。例如，一天我在英文系楼办公室里从窗口观看外边的蒙蒙细雨，却联想到了前些时候在那儿看到的一场暴雨。

**观看风暴**

倾盆大雨
我却没看见猫和狗[4]
矮楼低角处
　　悬挂着龙卷风的一缕
　　烫过的卷发

顺着水泥大道
眼镜蛇那光亮、平滑、蜿蜒的躯体
匆匆地在草色冰凌似的流波上
　　滚动起伏

从四面八方
朝着一个方向

飞轮上的冰峰
　　在那个四月的早晨
　　一齐涌向天安门广场

狂喜中的雷电
　　无意地
　　揭示出秋色的微妙
不成熟的杏黄
跨入壮年的橙黄
政治动物那种老奸巨滑的蓝黑
风韵肉感嘴唇那种赤裸裸的猩红

---

[4]在英文里 “下猫和狗” 是指倾盆大雨 ，(rain cats and dogs).

我常常想
　　不知谁说的那么好
　　那么切入和世俗
有钱难买雨中色

我喜欢风暴，胜于细雨
细雨，缠绵的雾纱
风暴，桑拿式的净化
狂吼洗涤消逝后
　　会出现
　　更温和、新鲜的阿波罗

姐姐，我相信你一定喜欢这首诗。一九七六年那个四月的早晨，你遭某些人毒打，哥哥被装进麻袋，拖进了监狱。我真希望我也能在天安门前划下几行诗。然而，既使那时我会写诗，作为一个政治上的糊涂虫，我也不会像你那样爬上到北京去的货车。

## 四

读到这儿，你也许已经厌倦我的诗了。请不要那么心急，慢慢来嘛，一天或一个星期读一两首最好。我一定要送你下边名为《时装模特表演》的七首组诗，我在学校的诗歌俱乐部朗诵那组诗后，受到了热烈的鼓掌。

1

我的衣服带着未老先衰的皱纹
我也不梳黑夜蹭乱的头发
我的脸，裸着，发亮或是发暗，随其便

“早上好，于小姐！”
一个人的声音招呼我

凌晨被鸡啼惊醒
窜到淋浴下，让热水催熟乳房上的桑葚
红萝卜似的手指又摆弄了半晌头发
墨圈放大的眼睛，朱笔描红的唇廓
精心削尖的指甲
又花去一个半小时
终于我以女性的精细穿上了那套最称心的衣裙

“早上好，于小姐！”
一个人的声音仍旧认出是我。

2

我抽紧发亮的皮带
披上最鲜艳的色彩
模仿最时髦的架势
握着女性的标准火候

“余小姐，怎么这么沮丧？”

我不知自己穿着什么——
　　放浪的躯体
　　行驶在放荡的旱船上
穿行，好似秋风扫落叶

“余小姐，你可真麻利！”

3

项链是枷锁
耳环是称钩
乳罩和紧身袜

　　不过些绷带和铠甲
把白雪公主封在水晶棺材里
古竹的嫩笋遭二月寒流的冰冻

太幸运了，你是个女人
　　有享受世界上光怪陆离的特权
　　毫不必羞涩
太幸运了，你是个女人
　　被自我摧残宠坏
　　毫无怨气

4

我过去穿是为了外人
为旅游留下了盛装
我过去穿是为了暗自选择的郎君
左右捉摸他那摸不透的口味

现在我精心打扮
不为他人，只为自己

一个静谧的夜晚
我穿上最华美的衣裙
站在命运般长的镜前
打开漫姗的音乐
懒懒地游动着四肢
　　活似海星仙子
倒向这儿，歪向那儿
　　一位痴醉的诗人
　　从天船上外泼美酒

上百个王子
　　争着吻我的乱影
上千个皇帝

抢着在我大脚趾的尘环中镀金
我，如同黛玉
　　从红楼里飘出
有气无力地用长袖
　　像轻弹一枚硬币
一拂
　　雄花似苍蝇般地
　　四散
像霜纹里的芭蕾舞演员
在浪漫的狂飘中　我
　　独脚打转

极度的喜悦
　　把我一棒打懵
搂着孤月寒宫里的长绒白兔
最好的衣着衬托出最舒心的痴笑
我着魔般地念着：
　　啊，感觉太好了
　　　　　　太好了
　　　　　　太好了……

5

我爱穿
我爱买时髦的衣裙
我涂脂抹粉
我带戒指耳环
但一离开梳妆台
　　除了我，一切
　　从记忆中化为乌有
我像只鱼鹰
　　一头扎进学问中觅食
忘却了一切

一台披红挂绿的发电机
　　喷吐着止不住的能量。

6

看起来显得多么自然和不在乎
谁知道我角落里花了三个小时
尔后我的裁缝匠心仍不削减
不停地折摸着每一个波纹
　　使其看起来愈加不在乎和自然

真实的天竺葵
人做的玫瑰
谁能看出
　　哪一个是人为的？
　　哪一个是真的？
狒狒自然得
　　把她成熟的性器官
　　炫耀在两腿之间
却只能让美学家的眼睛避开

7

眼花缭乱的晚会上
每一个躯体都受到了难熬的打扮
男人西装领带
女人耸立高跟
　　一派珠光宝气
我却以一个闯入者的褴褛
　　比倒了一切

在平凡的工作日里
大家无暇穿戴

忘记了擦皮鞋
人人都披着一色工作服的
碎片
我却穿上最好的盛装
在人丛中游行
像枚开花的原子弹

像平原一样平庸
如山谷一般寒碜
以时尚去刹时髦风
能高于珠穆朗玛峰

姐姐,这个时装秀中的每一个模特都只能表现一个多面目女性的自我,一个人穿戴打扮可以揭示出某种人格,但并不全面、准确。你知道,我是个有独特风格的人,早在文化大革命的萧条岁月里,我就喜欢打扮得与众不同。还记得吗?老赵说他对我的印象格外鲜明,闭上眼他就会看见一个活泼的姑娘穿着三块大补丁的褪色兰裤子:膝盖上两块长方的,殿部一块圆的。不到美国来,我还真没想到匠心独裁的补丁衣裤会很时尚。别以为拼拼打打的女权主义者都不讲究衣着,要那样想,你起码错了一半。她们中许多人都讲究穿出个性、风度,敢于穿戴竟成了一种女权宣言书。不管怎么说,穿衣同吃饭一样,口味最重要。看见眼下一些中国女人打扮得花枝招展的,我能闻出她们内心的空虚来。真叫人高兴,中国的吃喝穿戴美学感已日益个体化了。

## 五

姐姐,请原谅我下笔如有神,却离题万里。 我要说什么来着?痛苦。也许你能体谅到,人体有一种自卫的本能,在倾吐痛苦之前,往往会不自觉地作心理淡漠和拉长距离的准备。

对,我是爱上了那位教授,纯粹因为他是我浪漫文学的实体形像,我从未把他同现实生活中的俗爱连在一起。每当我想起他，我就会有一种亢奋，一种诗感，他也明显地欣赏我的诗灵性。当我看到刚发下的关于雪莱的《奥日曼帝亚斯》诗的文章，上面写有他的请求："我可以把这篇文章复印一份保留吧？"我的心激动得直哆嗦，好像读到了一封恋爱信。他非常喜欢我对诗歌的分析和解释，可偏偏有一首诗的试解冒犯了他。那是齐慈的《秋颂》，我以时髦的误读方法，把它释析为一首女性美的赞歌；而且我的释析与原诗中的形象和词意都巧妙地吻合在一起。在这方面中国人可能挺拿手的，文化大革命中，每个人都把自己和自己的欲望和场合都读进毛泽东诗词妙句里，致使毛泽东诗词家喻户晓，深入人心。今天我们仍用唐诗宋词来贴门联，我们真的在乎诗人的原意吗？我们更在乎的是一行古诗句仍能传达今日的新意。毫无疑问，美国学者史旦雷·费什的理论离中国读者的实践还相差甚远。尽管我觉察到中国人有强暴某一诗词从而创造自己新婴的坏习惯，我不愿听从那位教授的批评，他好像竭力在驯服我。

主人仍在秋季
学生已进入了寒冬
不要假慈悲真残忍吧
我能不能等你阅后再打字？
你用半个小时，我却要用一小时半
这一高峰期，三篇文章要写要打
劈头而来的收场已压在我渐逝的笑容上

一场生死存亡的搏斗？
时间啊时间，请你变成条皮筋
裂缝的希腊瓶或土罐
　　请你变成野林里的铁丝网
去绊那哒哒勇进的时钟马蹄

要爱就是要被训服
要斗就是要当败者
要作学生就是要在铁面的学究机器内
　　充当齿轮或被碾成粉面

## 六

读读上面那几行不成诗的诗句，你会明白在美国当研究生可不是好混的，尤其是英语不是你的母语，你连它的字母敲都敲不好。无论如何，中国人能吃苦，不分昼夜地干，我终于按时交上了所有的文章。舒口长气，我开始为这学期教过我的教授们写圣诞节卡片，我爱这些辛勤的饲养员，他们每一个人都喂我喂得格外大方。

阿努进来了，一位漂亮的印度姑娘，油黑的长发，一双智慧的大眼。看见我忙着写卡片，她说："我来的第一年也是那么热心，现在长大了，早不干那种事儿了。这儿的人们从不把人情味儿放在眼里，干吗那么多情呢？"

和这位印度姑娘比起来，我虽年纪不小却像一个新生的婴儿，不解世故人情。

"你喜欢德莱尔教授，对吧？他看起来还可以，但并不是很帅，大概你没听说他是同性恋吧？"

"同性恋？同性恋是什么意思？"

"就是男的和男的相爱嘛，除了你，全系都知道他和马娄教授是恋人。"

"真的？马娄，那个老头儿？"溜到舌边，我把形容马娄的"丑"字吞了下去。

"不错，那老头儿是只狐狸。小心点！"

像位上帝派来的天使，那位姑娘说完便悄然离去，把我一个人留在冰窖里。

我突然感到整个生存受到了威胁。德莱尔和马娄，完全不可能。可能，一定是真的。我的大脑进行着百米冲刺，我想起最后一次谈话中，马娄说："德莱尔教授常誇你的诗歌天赋。他喜欢你的诗，为什么你不把他当作模特写几首爱情诗呢？"天哪，我当时竟没有醒悟到他在嫉妒我，警告我，给我发出"停止"的信号。现在我该怎么办？ 德莱尔是我的硕士论文导师，马娄是专管研究生的主任。

我在办公室里瘫坐了两个小时。回到家里，我问我的房东爱德华，一个男人怎么会搞同性恋？爱德华并没有把我的问题当回事儿。“不光男人，女人也会搞同性恋呀。你不会没有注意到玛格丽特和露丝是同性恋吧？”

玛格丽特和露丝碰巧进门，爱德华大声招呼她们：“嘿，告诉云，你们俩是不是同性恋人？”

两个女人，一个穿着精神的牛仔裤，一个穿着超短裙，挺认真地回答：“是啊，我们俩打去年起便住在一起了。”说着两个人抱着吻起来。

我真不知道说什么好。当我鼓起勇气说出我因听到系里有两位教授同性恋而震惊时，爱德华说，“何止两个，我知道你们负责计算机的主任也是个同性恋者。伊利诺斯号称‘小伯克利’，说不定校园三分之一的人都是同性恋，想见识一下他们的俱乐部吗？我可以带你去。”我这下可被霎时露面的大片黄水仙惊得目瞪口呆了——“湖畔，树下，微风中雀跃摇摆”。我借口头痛，回卧室躺下。那天夜里我把心都哭碎了，这时我才意识到我爱德莱尔爱得那么自私贴己，我简直无法容忍现实。

布莱克满面烟尘的孤儿
　　在滴滴寒冷中哭啊哭
伴随着齐慈悼亡蛆的大合唱
　　和蛐蛐的柔软颤音

红脯鸟在这该死的世界里打着口哨
目睹秋天的余辉还未收尽
　　春天的霞光已褪掉
没扎毛的燕儿在冷空下
大着色胆询问雪莱：
“我该在屋檐下寻一暖穴，
还是任西风霜打冠发？”

有一会儿我想起了王尔德和拜伦，竭力说服自己，伟大的艺术家大多是同性恋者，由于过分爱自身的美。德莱尔一定是无辜的。德莱尔是单纯的比利・巴德，被可恶的科拉特・马娄所勾引，科拉特揪着比尔像条毒蛇缠在一株幼树上。又一会儿，我感到德莱尔以他清白的假面目欺骗了我，他是个不可饶恕的罪人。

我想得太累了，大脑失去了醒时的功能。我做了一个恶梦，梦中我看见德莱尔脖子上挂着破鞋，被捆着在农场里游街示众，后面跟着的男女老少不停地朝他扔石头，手里的剪刀嘎嘎作响。痛苦中我醒了过来。那种吓人的场面，是十多年前我在青年农场时亲眼见过的。一天，我的初中老同学马立，头发被剪成个不男不女的大秃子，被带着游街。据说他企图强奸他的同屋铁明。一个男人怎么会强奸另一个男人呢？不过，确有其事。我见过法院布告上对性迫害儿童和其他男子的宣判，那种罪行俗称为“鸡奸”。这在我心里一直是个不可问人的迷，直到前不久看了场德国电影才豁然开窍。上帝没料到人类会把肛门升级，为泄欲用。我不理解梦里的德莱尔脖子上为什么挂着破鞋，在中国通常是专让婊子游街用的。

## 七

第二天爱德华开车带我一起去商场为朋友们买圣诞礼物，我像个木头人似的跟着他，一步一趋。我放不下德莱尔，忍受不了我浪漫主义偶像的破灭。那天夜晚我又痛泣不止，我的泪水变成了圣诞节的礼物。

### 我的圣诞礼物

**一双泪汪汪的眼睛**

在这互赠礼品的节日里，
痛的苦药把我的身体溶解为
　　死湾的一潭酸水，
只留下一双泪汪汪的眼睛。
我想以爱情的余烬把它们送人，
但这欢乐的佳节里，却无人愿要。

它们能装饰圣诞树吗?
在滞流的咸水湖中,
被出卖的眼睛肿成一座亭子,
顺着翘起的亭角垂泪,
有节奏地打在枯死的荷叶上。

被拒绝的眼睛飞上峰顶化为双塔,
泪的洪流,从一个华盖上滚下,流过鼻子的桥梁
急切地同另一华盖下的水库汇合,
在上挑的龙头口内猛一抽闸,
将玉珠抛进空心的枕壑里。

被遗弃的眼睛盘旋着像两只脱了干的树叶,
在时空里寻觅幸福的天枝。
啊,苦中的蜜最甜。蜜中的苦是否最苦?
苦即真理,真理是苦的。
这是我所知道的,他人无须知道。

这双眼睛是我诗的自我,我为缪斯的毁灭而幻灭。然而,不是他而是我被出卖了,被遗弃了。

## 八

姐姐,你若以为幻灭会拯救一颗失落的灵魂,残酷的事实会给我一些理性,你就错了。痛苦仍旧把我压得直不起腰来,我昼啼夜泣,一个字再也读不进去。我强制自己,把自己当作金钢钻拼命地想钻进华滋华斯的长诗《荒芜的村舍》里去,谁知一看见那诗我仿佛就看见自己的躯体在扩散,在风化为那座荒芜的村舍。

为甩掉这种凄凉的情景,我走进校园后树林里, 在湖边散步。那天恰是圣诞节的前夕,没人愿意离开温暖的火炉去欣赏阴冷的大自然。

湖，柏油皮带缠腰
树，插在死藤鞘内
潮湿扼住了夜鹰的歌喉
啄木鸟，为谁你敲着丧钟？
密积的脑袋拖住了慢跑的脚
脚上驮着的不是活人的骨架
　　而是一吨腐肉

一条泥鳅在水坑里摆尾
"我不是你，怎能知道你不享受忧郁?"
你既爱上了浊水
应为退化的鳍感到满足
为什么你背上的眼睛仍盯着我的野翼？

一条缠金环的红黑蛇
用慧眼里的苹果勾引比尔·蓓蕾
如果比尔从未张开清白的嘴
苹果怎能成为他的喉结？
科拉特，提炼出对美的忌妒
试图将丑液吹进蓓蕾的耳朵里

皇月撞见了，一下气歪了脸
翻身化为天上镶银边的乌云
一声怒吼，她扑向大地
不巧，嘴巴碰上了避雷针
只见她千万只大眼冒金星
徒劳无功，只能从湖镜上撩起一层尘浪
却钓不到任何同情和怜悯

盘着的大花蛇，将睛中的苹果滚了进去
顺着毒信射出病毒
她边拨风琴边念咒语：
绝不让他吊死入天堂

定叫他以同性的恶果自毙！

自我正义感增添了我的愤怒和仇恨。爱恋迷人，常使一个人失去头脑；而仇恨却能像气筒一样为你打气。愤恨决不是绝望的温床，绝望只属于懦夫。

## 九

有什么我这一生不敢知道？那便是残酷的现实。 该死的阿努，当我还不到面对太阳的时候，为什么你要向我揭示现实呢？

啊，诗，你已经成了我的敌人，你毒害了我，差点杀死了我，你真可恨，我再也不……

不过，姐姐，你一定注意到了我是在自我戏剧化，你知道我的本性里并不含有恶意。这一切所掩盖的事实是我爱他，偏偏爱他爱得不是地方，不对年龄。虽然我们的文化传统使我明了爱是雷管—— 一旦点燃，毁灭他人也毁灭自己，但是我的爱却拒绝死亡，它好像是无限的，哪怕我死了，它也要纠缠我的阴魂。

我把自己拖回家时， 爱德华告诉我不远的一家邻居是单身妈妈，她需要个人陪她的两个小孩过夜，因为她想和男朋友一起出去参加圣诞舞会。我同意了，干点儿事儿或许会把我从死角里拉出来。

打发两个孩子睡觉后，我独自坐在桌子旁沉思。我仿佛听见我的神经在啪啪地破裂，就像电影中的镜头那样，无数支离破碎的念头、形象、喊叫一齐从四面八方朝我袭来，我眼看就要发疯了。 我手指的最后一根理智神经拨了个求救的号码——我不知道是谁的。

“嗨喽，是云吗？” 很幸运，是爱德华的声音。

我失声大哭起来。

“我就过去。”

那时已经过了半夜，爱德华一进门，我像个疯女人一样揪住他，我们俩一齐滚到地板上，他什么话也没说，只是吻我，抚摸我，侵入了我那禁欲已达二十多个月的躯体。

爱德华走后，我沉睡了，像死了过去，一直睡到第二天十一点钟被孩子们叫醒。我赶快爬起来，给他们摊煎饼，整理房间。他们的妈妈中午回来时，虽然看上去很疲倦，却挂着幸福的笑容。

我回到家，看见爱德华也在微笑，他显得格外温和、亲切，说什么他要买一台洗碗机，以后我再不用一天洗好几次杯子和碗勺了。他自己在动手打扫房间，他的孩子们也在整理自己的房间。爱德华在我面前从来未说过难听的话，在他家里我丝毫没有感到性骚扰的恐惧。然而，我的肉体却被他玷污了。可是肉体的玷污制止了我发疯的征兆，我真不知道该如何看待这些滑稽的事情。我并不厌恶爱德华，反之，我为他而感到愧疚——我借了他的肉体来防止自己精神失常。

爱德华做了一大桌丰盛的圣诞餐，每一个人都喜气洋洋，我却毫无表情，我的心在一场大劫难后一直往下沉，木得想不起昨夜的那场恶梦般的现实。等孩子们都入睡后，爱德华踮着脚尖来到我房里，躺在我身边，轻声地问到底是什么在折磨我。我告诉了他，我如何把德莱尔当作浪漫诗歌的偶像崇拜，如何不能接受这一偶像的毁灭。

“德莱尔？我有个朋友认识他，听说他过去是个牧师。”

“牧师？牧师还会同性恋？”

“牧师也是人嘛。”

爱德华想做爱，我拒绝了。

“想手淫的时候，请我来帮忙好啦。”爱德华走了。

我几乎一整夜没合眼，重新掂量德莱尔和马娄之间的爱情关系。婚外做爱也是一种罪恶，既然我也是个罪人，丑恶现实自然变得容易接受了。

我想得太多了，头开始发昏，好像连床一起在坠入地下。所有的颜色和界限都开始混淆了，黎明到来之际，窗外飞舞着的雪花倩影使我进入冥想。

**圣**<br>
**诞节之**<br>
**冥想**<br>
白白的雪绒花<br>
红红的玫瑰<br>
雪绒花真是白的？玫瑰真是红的？<br>
玫瑰会不会是白的？雪绒花会不会<br>
是红的？<br>
雪绒花心是否燃烧过？玫瑰心每隔多久就<br>
遭冷冻？<br>
雪绒花总是洁白的吗？玫瑰一定要被<br>
玷污吗？<br>
雪瓣拼成的绒花啊，被红污染的玫瑰<br>
伙伴们！<br>
在这白茫茫的圣诞之际<br>
让我们霜打过的嘴唇<br>
吻那玷污过的玫瑰<br>
酿出的红酒<br>
**干**<br>
**杯！**<br>
**皇月**<br>
**圣诞快乐！**

## 十

姐姐，你对了。春季开学的时候，我基本上克服了文化震骇和心理障碍，准备同德莱尔和马娄教授握手同欢了，没料到，拿到成绩单后，发现教学法那门课我得了个 C。那门课有两篇主要论文，我一篇得了 A 减，另一篇得了 B 加，怎么也不应该得 C 呀，一定是成绩单印错了。调查一番，发现没有错，得 C 是因为有篇短文我作得不符合要求，教授要求列出一些参考词典之类的工具书去引导读者查找有关乔治·埃略特的书目，而我呢，却编了份有关埃略特的选择书目。这是我一生中的第二个C，这次连个“加”号也没有，是课程总分唯一的一个C。我深感不安，觉得有让我硕士论文指导老师德莱尔知道的必要。可是，我却被自己的信任反踢了一脚。德莱尔教授看了看我的那篇小短文，说C太便宜了我，因为短文的部分内容是从教授皆知的一本书目上抄来的。

我一下懵了头，怎么能叫抄袭书目呢？那不等于说抄袭字典吗？

作为一个中国人，我从不把抄袭—— 一种不正规，不科学的引用——当作什么大罪过，尽管我知道美国人对它很敏感。一次在写作辅导中心，我听到人们议论一位从朝鲜来的留学生金姆，说他作文中被查出了抄袭的字句和片段，被开除了。记得刘小东告诉过我，上海来的王新考试中有抄袭现象，被马娄教授抓住了；出丑后，他通过一位善心教授的帮助，转到了经济系。现在几乎每所美国大学都为中国学生不懂合法引用造成的抄袭而头痛，哪位教授要认起真来，都可以轻而易举地找个把柄把中国学生赶出去。耳濡目染，我却没当回事儿，没想到抄袭之罚名会落在我的头上。苦苦回忆，我想起那天从图书馆里借了一大摞有关乔治·埃略特的参考书，我熟练地翻到每本书的末页，把所需的条目打到电脑上，连那些参考书的书名和作者也没顾上看。不管怎么说，我难以接受抄袭罪的指控。

我找到王尔登教授，直接问他给我C是否因为我抄袭了。王尔登教授矢口否认他对我有任何怀疑，他坚持说给我C，完全是因为我没有按照课堂要求去作那篇短文。也许他太心軟了，不忍心以抄袭的罪名扼杀一位学生的前途。抄袭是一种罪行，可怕得无人能在学术界混下去。不光学术界，那天我回到家，正碰上爱德华嘲笑一位蠢人竞选总统，你能想像出他有多么蠢吗？竞选演说中他剽窃了某个前任总统的就职宣言。谁？他剽窃了什么？他怎么能剽窃全国人民都知晓的总统就职宣言呢？再说他的竞选演说也是公布于众的。他正是这样为自己辩护的。看看报纸，听听广播吧，全国上下都在议论他的抄袭行为。我不想看报纸，不愿听广播，我不想知道他究竟是谁，如果那段宣言在过去有利于国家人民，为什么他今天就不能用了呢？难道历史不再重演了吗？

我感到自己在资本主义知识私有化的国度里受到了委屈，没有一滴泪水，眼睛干得冒火星。那天夜里，我做了个好玩的梦。

一位外星人来到我面前，把我带进状如大气球的房间里。脑波指示我穿上魔靴，披上一种类似塑料薄膜的轻纱。按一下电钮，我便同外星人飞入了宇宙。中国人的祖先相信神仙可以踩着两个云头疾驶，如果他们能活到今天，就会看到科学终于使人超过了神仙。轻纱把我封进了茧壳内，一定是一种绝缘材料，因为我可以看见星星月亮和嗖嗖穿行的各种飞行体，却感觉不到寒冷和缺乏氧气，舒服得好像躺在客厅的沙发上。脑波告诉我，假如我饿了的话，可以打开灯，看一本书。

这可太有趣了。眨眼，外星人便带我到了他的星球上。那真是个勤学好问的世界，我一落地便被七嘴八舌的外星人围了起来，追问我地球上最紧迫的问题，我告诉他们，我们的燃眉之急是人口过剩。

"那个！二十多年以前在我们这儿已经不成问题了。你觉得我们的世界拥挤吗？"

丝毫不挤，他们的街道宽敞，两侧布满了红花绿树，一家住房到另一家足隔有一里路。那里没有摩天大楼，所有建筑物的外型看起来像是大气球，或者鱼雷，他们的美都讲究在室内。

"请戴上这副天文镜。"

"哇！"我看见成千上万的气球和鱼雷在空气里浮动，像水里的草履虫，一层接一层，如天梯通向九重云霄。

"自从我们发明设计了这种可以在空气中，如同轮船在海洋上，任意漂泊的房子，我们的居民便可以随意生子抱孙，再不用搞什么计划生育了。当然，在空中居住，如同在公海上航船一样，也是有秩序的，靠一种类似蝙蝠振幅似的微波，所有的房子都会自动控制一定的距离，不会相撞。你见过一条鱼在水中撞到另一条的身上吗？"

"住的越高空气越稀薄，你们怎么呼吸呢？"

"呼吸？没人还干那种原始人的事儿了。在这个星球上，孩子一出生，便喂一块浓缩的氧气干，足够用一百二十年。"

“那么你们吃什么呢？”

“我们吃文字。”

“文字？那你们还会有消化不良、便秘、烧心之类的问题吗？”

“有啊，你如果吃了不懂的字，或者过于贪吃，或者偏吃某类文字，就会出现个人问题。”

“个人问题？你们的世界上有没有抄袭问题？”

“那不算个问题。我们把抄袭作为最大的美德。看！”

顺着他手指，我看见类似天安门前的广场上集满了外星人。我的向导把我领到那里，只见舞台两侧挂着两条巨幅标语：一条是“天下文章一大抄”；另一条是“抄袭即美”。外星人正在进行一场友谊比赛，看谁能选上今年的抄袭天王或抄袭天后。听说他们的裁判员都是全国最刻苦用功的书虫，他们不但要通读古今经典,还要看遍所有的街头文学和网络小品。只有这样，他们才能分辨出文章中所有抄来的字、句、段落。我想裁判这个工作可真不好干，我只能鉴别出第一条标语的出处，那是从我父亲那里窃来的，另一条，我便摸不着根了。

也许我对着那幅摸不着根的标语多看了会儿， 我的肚子咕噜起来，迫不及待地要上厕所。

“你们的女厕所在哪儿？”

“公共厕所在那儿。 像制造排泄物这种事儿，我们是不分男女的。”

我急忙跑进去，看见成堆的纸，后面墙上写着“注意，一次限一本书。”对面墙上写着：“一个人的排泄物是另一个人的美食。”这下明白了，排泄对他们来说就是创作书啊，幸亏，我的肚子这会儿又好了。

我走出来，继续问我的向导。

“既然你们不需要像我们地球上的人那样吃喝，你们每天做什么呢？”

“创作，出书。随着科技的高度发达，没有人再喜欢上厕所了，这里唯一的权力就是大脑——思维。你注意到了没有？我们星球上的人每人手腕上都戴着个这玩意儿。”

“这个，手表。在我们地球上太一般了。”

“不对，我们从不需要手表，我们这里的人没有时间概念。人人戴着的是一种脑波录影机，它可以随时让你看到自己在想什么——事实上，人的思维从来就不是单由文字组成的，它的活动总是伴随着形象、对话、情感、色彩。书本或文字是无法准确表现真正的思维的。我们终于解决了这个难题，这种玩意也可以录和放你愿同任何一个人进行交流的思维，像你们交流书本一样。不过，根据近两年的统计，人们变得越来越自爱，只想重复地温习自己的思想。因此我们从地球上的中国学来了一大法宝，把抄袭当作美德，以此鼓励大家相互交流心得。”

“不过，我怎么没看见一本书呢？”

“哦，你是说地球上的那种书。我们的确从地球和其他星球上弄来了大量的书，我们已把这些书都灌入小数字盘里，通过脑波进行借阅，从日出到月落，都可以借阅。来，带上这个脑波录像机。开始读了吗？听到各种声响，嚼到各种滋味了吗？甜的、苦的、酸的、咸的、辣的…… 我能看见你在啃苹果，吃泡泡糖，不要太贪心了，要不，不是吃腻了，便是发胖，小心点！”

闹钟响了，我的涎水流了一枕头。

## 十一

这个梦使我的心情有所好转。不过，当我把浪漫诗中妇女形象的论文草稿拿给德莱尔教授看时，又被打进了地狱。他让我把所有用过的参考书通通拿给他，他一字一句地查看，发现我的思想有同其他评论家混淆之处。他十分生气，命令我重选一个题目，从头再写。这次，他禁止我看任何参考书。离硕士论文上交的期限只有一个月了，可是我还得从头写。我想起了在埃丁堡听说的一件事。某个大学有位博士生快写完论文的时候，他的系主任命令他换一个题目另写。他再也完不成论文了，临死前，他说他要变成厉鬼半夜去缠那位系主任。也许他终久没有变成鬼，因为没有教授害怕学生的纠缠。尽管我深感学术界霸道的刀锋无情，实际上我得了个大便宜——不看参考书，不用担心抄袭了。我又选了华滋华斯的长诗《麦克尔》作论文，这下我专心地读，正着读，倒着读，竖着读，横着读，甚至斜着读。我论文的题目是《麦克尔三面观：原型，个体，诗人》，以麦克尔不屈不挠的精神，我疯了似的一口气写完了近五十页的论文。女教授番恩看了觉得还不错，德莱尔教授划去了两行联系到英国圈地运动的历史背景的字句，他说没有第一手资料，我是不可能写出这一事实的。你知道，我们早在小学课本里已经学到了英国工业革命和圈地运动。管它呢，我总算在四月底完成了硕士论文。

## 十二

姐姐，前几封信中我漏掉了那恶梦般的四个月里我所做的许多丑事。我的肉体一次又一次屈服于爱德华，似乎有一种反常劲儿导致我估意道德堕落。我从不在意爱德华对我有什么感情想法， 我们做爱的时候，我只是把他当作种医疗器具。不管怎么说，爱德华竟起了明显的变化，他开始写诗，对酸苹果和野菊花格外生情。一天他给我一张电影票，说是有位同事送给他的，我怀疑他是特地为我买的。那个电影是个喜剧片，名叫《上帝一定发疯了》，看后顿觉轻松。我生日的那天，他送我一枝玫瑰花蕾，我却不把它插进花瓶里，很快枯萎死掉了。

自然，爱德华对我产生了怨气，他开始把感情疏散给其他各种女人。 可怜的爱德华整天忙于同女友约会，请她们来吃饭，或出去浪漫看电影，他换女人的频率赶上了摩登女郎换外衣。他对新鲜而又短命的异性浪漫追求是无止境的。然而，我对他并没有产生什么反感。他告诉我他的爱是分裂型的，他似乎生来便爱世界上所有的女人，而且他也必须紧偎女人来驱除自身的惶惶不安感和对人生及外界的捉摸不定感。爱德华自己认为他的肉体对女人是有益无害的，他在有了三个孩子后就结扎了，并没有染上任何性病。于是他一心把自己的肉体奉献给尽可能多的女人，无论是年轻的女人、半老徐娘、单身女人、分居的、离婚的、或是婚姻不美满的，在痛苦中都需要他。他慷慨地对我说，任何一个女人，包括他的前妻，只要同他做过一次爱，以后任何时候想同他做爱，他都会来者不拒。我能看出为什么周围的女人爱爱德华就像大观园的女子爱贾宝玉一样。

记得在最后那次为爱德华举行的盛大生日晚会上，他的情妇、女朋友、追随者或崇拜者都来了，一位拿了两个硕士，正在攻读哲学博士的高雅女士，走进我的房间问，“爱德华刚才拥抱狂吻的那个粗俗女人是谁？”

“帕蒂，我刚搬来时，她是他的女朋友。”

那位高雅女士痛苦不已，脸上的筋抽搐了两下。她接着告诉我前几天她偶然遇到爱德华，一见钟情。她对他的爱是那么地强烈，而他却忽视了她。不假，爱德华爱跟知识妇女高谈阔论，而作起“真”的来，他感到像帕蒂那样的粗俗女人能使他更舒服、更放松。爱德华是个俗夫子，他从不隐瞒自己的本性。

不过他也有精神追求的一面。记得复活节那天，他半夜三点便起身，独自开车到大湖边去观日出，那天显然不大走运，湖畔格外阴冷，他生了堆篝火，耐心地蹲在那里等待，黎明终于来了，他先看见了个乌鸦（中国人看来，是不祥之兆）。太阳升起时，他又看见了一只水獭（他新的一年中埋头苦干的象征）。第二天他到已婚的女朋友露西那里过夜，回来时带了一盏精致的小油灯。他说他和露西通宵达旦都在谈情说爱。你和她做爱了吗？没有，她不愿意，送给了我这盏灯作留念。爱德华每次从一个女朋友那儿回来，便会以阿Q的口吻自慰说，“嗯，进展很大；不过还没有成熟，还需要加强磨擦生热之类的事前准备。”我会忍不住逗他，“白马王子，你也得主动下手，不要太害羞了嘛。”

爱德华有种信任他人的天性，这种天性驱使他告诉我他的一切，包括隐私。他说他的前妻离掉了他，是因为他跟为他们看孩子的保姆发生了关系。

“那么离婚后，你怎么不和那位保姆结婚呢？”

“你不会不认识芭米拉吧，她就是我们的保姆。那时她留着金色的长发，很漂亮。芭米拉后来理了个男孩头，走上了同性恋的道路。”

我记起每次芭米拉来访的情形，一进门，她就像多日不见面的情人一样扑向爱德华，他俩就扭抱一团，像打闹着的小猫和小狗一样。芭米拉多次告诉我她最喜欢爱德华，爱德华是世界上最好的男人。

“那么，你怎么会变成同情恋呢？”

“嗯，我和很多男子发生过关系，可最终发现自己真正的幸福来自同女人的关系。也许是因家庭遗传或生理现象，我哥哥也是同性恋。”

我终于从同性恋恐惧所造成的文化惊骇中康复过来，同时我也逐渐接受了自己作为中国抄袭的替罪羊而受到惩罚的命运。你也许还记得我一九八三年在上海进修时的一大发现。我告诉过你，我做美国黑色幽默论文时，阅读了九篇文章，有六篇的评论大同小异，有三篇竟出现了完全雷同的段落，不到美国来，我是无法找到原作者的。 中国人习惯于抄袭借用，主要是因为缺乏个人主义的概念。

## 十三

这学期马娄教授得了重病，有时候，德莱尔教授抱歉地说，“对不起，我没有看完你的论文，这个周末我在医院看护马娄教授。”记得一次谈话中，我提起母亲的爱和宽容心，德莱尔教授怀疑地哼了下鼻子，也许他的母亲并没有爱过他，而他的父亲却是一位具有爱心的人，他和马娄教授的关系反映出一种恋父情结。他对我铁面无情，除了维护学术道德的正义感外，他一定感觉到我的“抄袭”问题与他本人业务前途有联系，他希望能尽快地把我从伊利诺斯大学打发出去，在他无情的面具后面却是一孩童的无能为力和不安全感。我虽然面临毁灭，却对他充满了同情。

一天我和校园里的诗人艾利克斯一同吃午饭，艾利克斯的办公室是在德莱尔的隔壁。

“我听见他对你大吼大叫，怎么回事？你应该把他这种行为报告到系里。”

我落泪了，“没，没什么。我是一位母亲。再说我在这里没有根，说走就走了，而这里也许会是他的终身谋生之地。”

“我当过兵，还干过各种各样的活，我对那些从学校门到学校门的书呆子们不感冒，我的意思是说他们不懂得人情，光在书本里是很难长大的……”

在我最后一次和系里谈话时，主任问我：“为什么你要选他作你的指导老师呢？”

“他主动愿作的。”

“你和他发生冲突时，为什么不换另一位导师呢？”

“河流中心换马也许更糟。我迟早要离开这里，而他却根留此地。我必须声明，他在指导我的论文方面没有任何过错，他对工作极其负责任，无论多忙，他总是认真地批改我的草稿；没有他的帮助，我是不可能在这么短的时间内完成硕士论文的。”

我不知道系里是否有关于我的流言蠻语，我本人从未和别人提起过我和德莱尔教授的冲突。那个学期末的一天，有位研究生问我，她是否应该把德莱尔教授放进她的搏士论文委员会里。

“当然应该放进去了，他是位责任心很强的指导老师，再说他的业务专长对你写好论文大有帮助。”

“可是我哥哥劝我不要要他，说他是个怪人，同性恋。”

“那个我不知道，在我看来他对人真挚，学术严谨，是位少有的好学者。他个人生活方式同你的论文毫无关系，对吧？”

学期的最后一天，我把所有的东西都清理好，准备同英文系大楼永别了。一抬头 ，吃惊地看见年老、干枯的马娄教授在阳光下望着我微笑，他并不是那么丑，看起来倒像是位老慈父。他走到我面前，深情地拥抱了我一下。什么情？是一位胜利者对他的击败者的怜悯吗？不大像，他眼睛里流露出真实的父母之情。我微笑了一下，没有告诉他我要离开阿巴那了；和德莱尔那么亲近，他当然知道我的下场。

我对马娄教授的第一面印象掠过我的脑海。

一个阳光灿烂的下午我到达了阿巴那。是苏珊开车送我的，那时她刚从西班牙回到美国，同吉姆离了婚，又和她的一位学生结了婚，他们的恋爱故事将载于今年的《大西洋月刊》上。我迫不急待地想见负责研究生的主任，可是因同苏珊一起有点小事儿，竟比预约时间来迟了一分钟。 他的秘书简单地宣布：“马娄教授要回家了，你明天再来见他吧。”苏珊径直走到马娄教授面前，好心地为我说句话，没想到马娄很恼火。告诉你，姐姐，在美国见上司同见皇帝一样难，国内那种趁吃饭时间去逮住领导的办法，万万行不通。这里是自由的国土，然而却纪律严明。要想加入他们的游戏，你必须先学会他们的游戏规则。

次日我准时在马娄办公室与他会面，谈话时我提到苏珊想申请系报刊上登的英文讲师职位，马娄教授不怀好意地嘿嘿两声，"你想她在这儿会有机会吗？我是系招聘委员会的成员。"

我没有向伊利诺斯大学申请读博士学位，德莱尔教授是博士招生委员会的成员，我会有可能吗？我把一份论文赠本从德莱尔教授办公室的门底缝滑进去，离开了英文系大楼。

**完了**

我完了
我们没有
准备一桌中国酒菜好吗？
喝点竹叶青怎样？
对，我知道你不会来
值不得用酒干杯——
只不过还可以接受，还可以忍耐，还可以……
拦住你大脑下滑的驭手
用多色的雪柔光
去扑捉那瘫痪之美
如雪崩
自由——冰封的
　　纯洁
　　　　无情
　　　　　　而又驯服的
　　　　　　　　野性
冥想
　　黜黑
　　　　却无苦味
　　　　　　悲哀式的
　　　　　　　　温和

一天天无甚可思
一夜夜甚多反刍
无意的收获不能失去
再见了！
　　不再见了？
　　　　　再不见了？
她健全地神经了
　　圣人般地失常了
　　　　　疯死了
　　　　　　　　死疯了
忘掉它
　　忘掉我
　　　　　忘掉你
　　　　　　　　忘掉她……我们

## 十四

我们中国人以多愁善感，能含屈受辱而著称于世，我们有最大的容忍量，也许是因为我们太弱了。每一件事都可以忘却，每一个罪过都可以原谅，而我自己犯下的抄袭罪却成了烙在我胸口上的腥红“P”字。

走的时候到了
花开了，谢了
树又返了绿
又是细雨蒙蒙，又是疾风暴雨
窗外有景，却无新奇
衣箱，兜了底
每件裙子都穿过了
没有异样，再无可谝示
阿巴那失去了风彩
走走走……麻雀叽咕着

走走走……冷风打着口哨
该走了，一辆破车鸣起了响笛

我坐进破汽车，离开了暗然无光的阿巴那，上哪儿去呢？ 一天夜里马老师出现在我的梦里，他同我丈夫一样，令人一眼看透他的谦卑和宽容。马老师劝我说，“回来吧，远离家乡，远离你真正的事业是一种浪费生命。”对呀，假如我没离开中国，现在我也可能是正教授了，或当上系主任了。

过后，我又做了一个完全不同的梦。 梦里，两座高楼在燃烧，楼顶的火龙腾空起舞，喷出的火舌舔着夜空。我不知道为什么我要转身逃跑，我不知道为什么一大群陌生人截住了我，好像是摩西带领希伯来人探险途中的一幕，那些陌生人对着我大喊：“掉过头，看看吧！”多么壮观啊，只有懦夫才逃跑呢。

不假，如果我现在返回中国，不但被人们视为懦夫，我自己也会终身痛饮失败者的苦水。平生我还没有承认过自己是一个弱者，一个在挫折面前屈服的人。我非常感谢米勒教授，他问我完成硕士后准备干什么，我说回中国。“为什么半途就回去呢？我看过你几篇文章，很不错，有个人的风格。你应该攻读博士学位，如果在伊利诺斯感到不愉快，可以申请其他大学嘛。我愿意为你写推荐信，鼓起勇气，任何时候都不要放弃机会！”

走出他的办公室， 匹兹堡大学比较文学系的广告闯入我的视线。两年前和吉姆、苏珊一起观光匹兹堡大学时，吉姆指着高耸入云的主楼塔尖对我说，“一所了不起的大学，我希望你以后能到这里来读博士。这是我的命运，现在一辆破车载着我开往宾州。

## 十五

姐姐，你曾问过我，为什么在中国时你总把自己称为丑小鸭呢？我从没给你讲过我的童年。还记得我们在农场时怎样结为姐妹的吗？太可笑了，那天我听见宿舍里有人在哭，走进去，我看着你痛哭了好半天，不但不劝你，我躺在你身边，和你一起嚎啕大哭起来。哭够后，你看看我，我看看你，相互问为什么哭，我说我不知道，也许是有关人生的奥秘。你说，对了，是活着本身的痛苦。我和你一起在野外散步，一路上，我们倾诉着心里话，你说你父母对你十分钟爱并寄予很高的期望，你哭是因为想到自已经十七八了，还没有作出任何有意义的事情。之后，我们俩常在田径和弯曲的山路上散步，谈我们的梦幻，分享我们的隐秘，描绘我们的将来，有那么一两次，我们禁不住感叹道，如果我们俩有一个是男的该多好呀，我们就可以结婚，白头到老，永不分离。不过，我从没提到过我的童年，因为我的和你的大不相同。

我的生命是一个泥巴团，滚啊、滚啊、滚啊。当它滚到车水马龙的大街中心时，所有的交通都中断了。

我出生在一个错误的时代，一个错误的家庭。如果晚生二十年，父母也会懂得独生子女的优越性，上头一个哥哥，一个姐姐，轮到我，父母亲的爱就全丢失了；后边再有三个妹妹一个弟弟，我的出世好像是上帝赐给了我父母一个不要钱的小保姆。我从没吃过奶，也不记得母亲胳膊的温暖。打一睁开眼，我便看见了生活的艰难和不公平。

“妈……　我小……小妹妹掉……掉到……”当我母亲跑回家，看见炭火中冒着烟哭啼的婴儿，她也无可奈何地大哭起来，我父亲一回来，逮住我的脸猛抽，像雷电抽打乌云一般。

“云”就是我，我就是街上乱滚着的泥巴团或者天上四处浪荡的云。三岁的时候我竟那么傻，不知道拦住下爬的小妹妹，或从炭火里把她揪出来。

“爸，我为啥不能坐在自行车的后边呢？”看见大哥哥横跨车前梁那种得意洋洋的样儿，我幼小的心灵里开始有一种说不出的滋味。没有答复，然而，鹰钩眼一叮，阴脸一沉，也就有点过分了。那时我家住在郑州，我也不知道哪儿来的勇气，躺到二七纪念塔前的马路中央，打起滚儿来，灰尘拌着嚎哭的泪水，一会儿便成了个泥巴团。警察惊呆了，红绿灯失去了权威，大卡车、公共汽车、小汽车唰地全停了。

## 十六

无风的暑夜是闷人的，然而我的心却像春风一样轻松。洗罢碟子碗，帮弟弟妹妹们洗完澡，我拖着一片破席子，像蚂蚁拖着片大树叶，来到马路边的地上天堂里。

那儿已经有了很多人，有的坐在矮凳上或竹椅上，有的躺在路边的席子上，谈笑风生。没有电扇和空调的年头，生活过得多么有趣啊！男女老少都一样地悠闲、轻松，漫不经心地摇着芭蕉扇。

刘大伯总是中心人物，赤条着腰，吹着山羊胡子，有声有色地在讲包公的故事。

虽然舞台上的包公脸画得黑的可怕，动不动就吹长胡子瞪大圆眼，我对他却有一种亲近感。刘大伯告诉我，只有包公才敢甩掉乌纱帽，铡掉狗官们的脑袋，就连皇亲们也逃不掉他正义的惩罚。因此他被人们称为“包青天”，连女人小孩都可以当街拦住他的轿，喊冤。

“你知道包公的出生和童年吗？”

不知为什么，我那时对包公的根那么好奇。

“当然知道啦，”刘大伯的山羊胡子骄傲地翘起来，“包公生下来是个大肉球，肉球从娘体内出来滚在地上，他父亲一剑劈开，看见了个又黑又丑的小娃娃，父亲觉得是全族人的耻辱，便叫仆人把它仍在荒山里……”

我的心开始远游了，到底小包公在山里是被狼养大的还是被个农妇救去养大的，他怎么变成开封府的主宰的，我一概不管了，我沉浸在自己的思索中。如果皇帝也是个大暴君，包公该怎么办呢？黑——球，球——黑，一种古怪的丑轻抚着我的心。对了，人们叫我丑小鸭是因为我生来带有正义感的黑色！平生第一次我感到同某个人之间有了条看不见的脐带，我开始怀疑自己不是父母亲生的。

又一天，一件不公平的事发生了。为了玩具吗？不是，我们家的孩子从来没摸过玩具；为了块糖吗？也不是，我从来没有被惯出那种奢望。不管怎么说，我那时觉得不公平，便拒绝吃晚饭，一个人呆在屋子里的暗处抽泣落泪，而不是像一般孩子那样哇哇大哭。我在想，我的亲生父母到底在哪里？深夜，我父亲对着我大吼起来："觉得在这家里受委屈，你就滚！"对，我一定要离开这个家,在这个家里我到底有什么？猛地想起来，我是一个人，一定有某种身份权利，我大喊来："给我的户口本粮本，我就走。"

我曾从家里跑出去好几次，结果每次都被警察带了回来。

那时候的学校也很枯燥,今天一位老红军讲他在二万五千里长征中是怎样嚼草根的，明天一位老贫农教你尝尝他们在黑暗的旧社会里吃的糠，咽的苦菜。一次两次，还挺新鲜；多了，烦了，我就开始逃学，和院子里的男孩子们打架。无疑问，我成了家里七个孩子中最丑最臭的，不光父母亲嫌弃我，街坊邻居也都加入了骂我的大合唱。

一天洗掉满脸的污垢后，我凝视着镜子中的我，编了个小故事。

> 从前有只小兔子诞生了，她的父母不喜欢她，嫌她丑陋，她哥哥弟弟比她吃得好，她姐姐妹妹比她穿得华丽，她每天只能吃些残羹剩饭，穿他人不要的旧衣衫，一天到晚孤零零的一个人，玩泥巴。一天暴雨过后，湖水先是一片混浊，然后又澄清了。小兔在平静的湖面上，第一次看到了自己的面孔，她不由地惊讶起来：爸爸妈妈总说我丑，为什么我长得这么像爸爸，这么像妈妈，这么像其他任何一只兔子呢？ 假如他们不先丑，我会长得这么丑吗？

## 十七

父亲给我留下的印象，毫无疑问，是个暴君，我记忆里充满了见证。全家人围着热气腾腾的饭菜等待他的出现，就像是等敲吃饭的钟。不过，他这个钟从来没有固定的时间。如果一盘菜烧糊了，或过淡过咸了，父亲的手指会马上飞起来去啄我母亲的额头，这在我脑海里留下了不可消除的镜头：

## 警棒手指

他有一个手指
警棒似的手指
指挥着一只母鸡
拖着七只小鸡
通过生活的钢丝绳
眼睛似的手指
一见 “不” 字便冒金星
公鸡般的手指
专啄异性那邹纹满布的愁额
当他红萝卜似的脸
开始涨紫发黑

当然，暴君有夸耀自己功劳的充分自由，即使他的缺点和毛病，只要是出于他本人之口也是值得炫耀的。父亲生来勤劳简朴，“一分钱恨不得掰成两半用” 是他最好的写照。作为七个孩子和一个老婆的唯一挣钱人，他当然不允许家里任何人丢一分钱。孩子们自然无分文，如果我妈妈上街买东西丢了一块钱，她就会吓得魂不附体，直到她悄悄地告诉女儿们，“倒霉，今天我丢了一块钱，可千万不要让你们爸爸知道！” 方能舒一口气。孩子们是不会告密的，谁愿意看见锅碗瓢盆又一次被摔的粉碎呢？

一次我父亲从省里开会回来说：“目前社会风气不好，火车站里小偷乱窜，一个小偷竟从我后屁股兜里掏去了七块钱。” 我爸爸说得那么幽默，大家都哈哈大笑起来。我弟弟好奇地想知道，他裤子后面的那个口袋贴屁股那么紧，小偷怎么会把钱掏去呢？

我爸爸十三岁便参加了八路军去打日本鬼子。

“你们知道，那时候我在村里给地主放猪。一天，地主的狗崽子欺服我，我痛打了他一顿，不敢回村了，便参军去打日本鬼子……”

他给我们讲过许多惊险的战斗故事。一次战斗结束后他背起一位受了伤的日本俘虏，那个倔强的鬼家伙却差点把他的耳朵给咬掉。虽然取得了抗日战争的胜利，父亲至今仍对那个誓死不降的日本兵很钦佩。在日本人的扫荡中，他不止一次地逃出来，而其他战友却死在敌人包围的村庄或房子里了，他是只出名的“飞虎”，飞檐走壁就像是踩着两个云头。他不断地受奖励，被提干。讲完这些光辉的战斗历程后，他常流露出一丝遗憾，“假如我受过较好的教育，我这会儿也会成为中央要人了。”

他光辉的过去，果然在孩子们的心目中竖起了一位传奇式的英雄形象，不过他那永远也讲不完的故事渐渐给我了一种不适感。重复太多遍，修改太多次会使任何动人的故事失真失色。头一两次，我也像其他兄弟姊妹一样听得顾不上喘气，可三四遍以后，父亲一要开始，我便设法溜出去。以后，不等他开始，我就作鬼脸，用鼻子哼出轻蔑声，使自己变得更丑了。在电影院里看了《祝福》以后，爸爸刚要讲他的光辉过去，我便打断了他，“我真傻，不知道大雪天狼也会出来，我让阿毛坐在外边……”兄弟姐妹们一齐大笑起来，我父亲像个丈二和尚摸不着头脑，咬牙切齿地说：“滚出去，你这个丑东西！”

## 十八

姐姐，我的长途旅行还算顺利。那辆破汽车颠簸了两天，终于把我从阿巴那送到了匹兹堡。直到跨出汽车，我才真正地感到了整个旅途的安全。旅行的第一天和第一夜我的确受到了性威胁，不过我的那位司机马利奥斯，还真是一位少见的好人，我一定要把他的故事讲给你听听。

“喂，小刘，我要离开阿巴那了。”

“什么时候？”

“我这就去买灰狗长途汽车票，希望后天能动身。”

“去什么地方？”

“宾州的匹兹堡大学，听说离费城不远。”

“你太有运气了，我的朋友马利奥斯明天下午要开车到费城去，我相信他会同意你一起搭车前往的。”

“马利奥斯是个男的吧？”

“是呀，是个希腊人。如果这个世界上有个男人还可以信得过，那就是他了。”小刘不容置疑地笑着。

“太绝了！”

“这是他的电话号码。”

我马上拨了电话，没有人，留话机上一段裴多芬的生命交响曲引出了一个快活男子的声音：“我叫马利奥斯，这会儿不在家，请你留下电话号码，我回来后马上给你回话。”那声音开朗、坚定、铿锵有力，使我想起了年轻的希腊罗马骑士。

第二天早上他来接我和运我的行李，见面时我大吃一惊，想不到他竟是一个鲁莽大汉，脸上还横着个大刀痕，我立刻惧怕起来，爱德华安慰我说：“只要你付他汽油钱，夜宿旅馆的话，付一半房费，我相信他是不会强迫你作任何你不愿意的事。”

后退已经太晚了，我只好上车，由他拉到他居住的一座旧楼后边，他住在地下室。他请我到厨房帮忙准备一些旅行食品。别看他貌似笨熊，做起饭来手脚倒不慢，不一会儿便炸了一大袋鸡腿，做了不少三明治。他已经事先买了些饮料和糖果。

“我有 x x 病，开车的时候需要大量的饮料和食品。”

我当时也没听清楚他到底有什么病，我的恐惧感更加剧了，现在我要跟一位身带病毒的野蛮人一起旅行了。

下午四点左右我们出发了，当破车开出后院时，许多年青小伙子雀跃着向马利奥斯告别，看来他果真是条得人心的好汉。

马利奥斯的兴致格外好，他打开汽车录音机，又是古典音乐。

“我敢说你不喜欢流行音乐。”

“不喜欢，那些下里巴人的东西。我的父亲是一位伟大的歌唱家，我的祖父是有名的作曲家，我继承了他们敏锐的音乐耳朵，不幸我的嗓子不适于职业歌唱；但借助于好耳朵，我仍能够欣赏音乐，修理精密的乐器。”

过了一会儿，马利奥斯吹起了口哨，那是我一生中听到的最美妙的口哨。它不是那种单薄凄厉的尖鸣，而是双重或多重的交织曲。

“你怎么能吹出多重音呢？”

“嗯，是我家的传家宝，我来自希腊一个贵族大家庭，我家的男性成员都会吹这种口哨。”

“你是说你家在希腊是贵族，特别富，那么你为什么要到美国来呢？”我想问他为什么穿的那么寒酸，开的车那么破旧，话到舌尖又咽了回去。

“我家曾经富裕过。 不过，男子汉大丈夫应该经风雨见世面，是这种人生观把我带到美国来的。我是一个具有顽强意志的人，小的时候，我在家里最弱，常生病，兄弟们总爱欺侮我，于是我下决心把自己摔打成一个强人。我刻苦地锻炼健身过，看看我这身肌肉。请往我眼里看一下，你发现有种异光吗？我的双眼比一般人看得远。虽然我衣着褴褛，和美国的穷人比起来，我并不算穷，我是一个机械师，每小时挣十七美元，我每个星期都送给校园附近一位单身妈妈二十美元，帮助天下的弱者是人生一大快乐。”

他是不是在编故事？他真会对一位丝毫没有关系的女人那么好吗？那个女人的孩子会不会是他的私生子？

“你住家的那个男人是谁？”

“他叫爱德华，是我的房东 ，我在他家住了近一年。”

“没问题，你是一个令人渴望的女人。”

他是什么意思？是不是怀疑我和爱德华有什么私人关系？他的洞察力太可怕了。

“他家的那个女人患有 STD。”

“哦，她是个客人，爱德华的一位女朋友。什么是 STD？”

“性传染病的缩写。”

“你怎么会知道？”

“嗯，反正我知道。”

“她是个被男人遗弃的女人，拖着三个小孩子，爱德华很同情她，爱德华同情很多女人。”

“没问题，爱德华是个石榴裙下的男人。”

现在，我知道了，“没问题”是他的口头禅。

“你认识明华吗？一位漂亮的中国女学生。”

“我不认识。”

“哈，哈， 哈——， 她叫我‘mental Disorder’。”

他一定是爱上了那位女学生,漂亮的女人可以同丑陋的男人或侏儒玩耍开心，送给他们各种不堪入耳的名字，但从不付出自己的爱情。

“中文是怎么说 ‘Mental Disorder’的？”

“‘神经病’，不少中国女子把他们痴心的追求者美名为神经病。”

“我准是个神经病了,现在我正按她的指示把车送到费城去。她采纳了我的参考意见，三百美元买下这部车,别看车身破旧,发动机非常好。”

马利奥斯喝了罐饮料，吃了颗巧克力。

他高兴地唱了支歌，我听不懂，大概是用他的母语唱的。

“十年前我父亲去逝后，我妈妈常歇斯底里大发作，搞得家里不得安宁。 我长大后，慢慢了解了女人。 两年前我到伦敦去，特意在性商店为她买了个自助器，从那以后，我母亲变得温和起来。”

“我在伦敦看见挂着性商店的招牌，还认为是什么地下妓院呢。”

“不是，它是一种健康用品商店，也卖男性用的器具。我没有为自己买，是因为我还年青，一些女人还想用我。”

“用你？”

“对呀，性、爱、婚姻是分开的，完全不同的事情。我同伊利诺斯一位教员保存一种正常的性关系,我们一个月见两次面,完全出于生理需要。我们连对方的名字是什么也不问，她所需要的正是我所需要的,我们为能互相利用维持健康生存而高兴。性压抑是不好的，同人的自然本性背道而驰。我现在还没有打算结婚。婚姻是神圣的，是为了延续后代，我将来孩子的母亲必须是有修养的、贤惠的、和受过良好教育的……”

他是在梦想一位女神,也许这位女神是以自己的母亲为原模的。他没有谈到爱的哲学，不过“神经病”已经把他揭得体无完肤了。

## 十九

已过了半夜，马利奥斯开始打哈欠，我知道我们必须要在一家旅馆过夜了，想到旅馆，不由地紧张起来。

“你是个令人渴望的女人。” 他又以鉴赏的眼光打量了我一下。

“不过不要紧张，如果你不愿意和我做爱，我决不会碰你的，尽管我坦白从见到你第一眼起，我就一直渴望着你。”

“我们在旅馆里分开住，好吗？”

“包两间房太贵了，你担心的话，我可以睡在汽车里，我是个硬汉子，在车里睡过很多次。”

我想起了小刘对他的信任。

“好吧，我们住一个间房，不过，你必须遵守自己的诺言。”

那天夜里我们睡在一张大床上，我和衣躺下，但因是夏天，我身上的真丝连衣裙显得格外薄弱。起先我挣扎着不让自己入睡以防备他，因为我能听见他翻来复去地好像热锅上的蚂蚁。不过，我晕车晕得太厉害了，慢慢地糊涂起来，失去了知觉。醒来时，天已经大亮，我听见他在淋浴。

“天太热，我简直一夜都睡不着。”

房里有冷气设备，并不热。第二天他变得沉默寡言，有时候强吹两声口哨，调子有种说不出的抑郁感。我设法逗他活泼起来，可是没有用，他只是简单地说：“我没睡好，累了。”

你还记得八个月以前我给你寄过一首关于性与爱的诗吗？让我在这儿重复一遍：

**性即是爱**

谁说性不是爱？
对于我
性是爱如美是真
当性和爱割裂开时
性会发臭

爱会欺骗
灵魂会受折磨
刹那间的发泄
永恒的创伤

性应是爱的最高形式——
爱使性纯洁高尚
性使爱升华到极乐世界

性没有爱
揭示出人类意志的衰弱
同阴洞的妥协
向阳具势力的投降
沦落为造孩子的机器

马利奥斯是后摩登时代的幽灵，上天派他来点化我，让我把性与爱分开，我却辜负了这一好意。尽管我肉体被玷污，精神受到了打击，被当作抄袭罪犯逐出了伊甸园，我仍顽固地抓住最后一根稻草不放：性，出于自愿，才可能是爱。

# 第三章　性等不等于爱？

云来到匹兹堡时像一位刚出院的精神病人，她避免和外界接触，集中精力拿全A。如果她的朋友雷米把她拖到一个舞会上，她就坐在个角落里，望着墙上翩翩起舞的人影发怔。有一两次，在系里女权主义浪潮的席卷下，她身不由已地随着几位女强人去了她们的雌鸡派对，女人们在那儿肆无忌惮地谈论离婚、恋爱、性和梦幻，云在一边儿呆着，像是个哑巴旁观者。在繁忙的学习和教学之间，云时常感到一种离异世界里的抑郁和孤独。系主任找她谈了次话，劝她戴胸罩，因为有位同学报告说她的穿着有点太性露了。云在冬天通常不用胸罩，自以为厚实的冬装是足以抹掉她倔强的乳房尖的。不过在美国这种对性极度敏感的世界里，她还是小心为妙。在中国，一些女人夏季穿着半透明的裙子，连衬裙也不用，在公众场合像鲤鱼仙子一样游来游去，傻乎乎的中国男人对她们的体态装作视而不见。也许两性之间有一种默契：秘密地享受看和被看。然而不许吭声——语言是真正的罪犯。

## 一

一天背后一个声音赞美道："大美腿！"云一扭头，见一位衣冠楚楚的白人绅士，她粗狂地笑了起来，那位绅士不好意思地疾步而逃。也许那男子并非不好意思而是把她当成了一个神经不正常的疯女人。过后，有心人告诉她在那种场合下，一个女人应该礼貌地微笑，感激地说声"谢谢"，要适应异国风俗，还真不容易呢。

一天晚上云去从学校出来，穿过马路，被一个大黑影堵住了去路。

"哈，是你，你还记得我吗？"云抬头仔细看看，却记不得。

"对不起，你认错人了吧？"

"没关系，我曾有过一位亚洲女朋友，一个韩国姑娘，好极了。你是韩国人吗？"

"不是，我是中国人。"

"太好了！我喜欢中国饭菜。你结婚了吗？"

"结了，还有一个孩子。"

"你的家庭和你在一起吗？"

"对不起，我得马上回去，丈夫和女儿在家等我呢。"家似乎还真成了一个女人的保护伞。

一天夜里大约十点钟，一个朋友让她搭他的车回去，在家附近的路口刚一下车，云就听见不远的车里有个人探出车窗招呼她。

"请告诉我一下，休斯街怎么走？"

云走上前，耐心地告诉了他。

"我是外地人，不熟悉匹兹堡，我开着车转来转去就找不到那条街，你能不能上车，给我指下路。"

云深知陌生人半夜迷路的苦处， 她上了车，当了头号大傻瓜。不等车开稳，那男人便问她"你吞吗？"

"什么？"

"吞。"

这个"吞"和"燕子"在英文里是一个字，云当然知道啥意思，但捉摸不透他的意思。不管怎么说，云本能地看出他不是个好人。 当他试图摸她的手臂时，云厉声地命令道："放我出去！" 她的声音听起来一定是极端的外国腔，但具有绝对的权威。那男人害怕了，乖乖地停下车，让她下来。 云一口气跑回家，吓坏了，仿佛看见地球上每分种每秒钟都有妇女遭到性袭击。 也许不那么严重吧， 在中国时有位老太太说强奸这种事儿，没有女人的配合是不可能成功的，也许有道理。那么，女人体力必须同男人一样强壮才行。她记得有一次一个男人想对她使坏，她一巴掌把他推到地下，跑脱了。 在农村劳动三年受益不少，胳膊腿比一般女子有劲，不过她典型的噪音和形貌却依然十分女性。如果有人问云黑夜里独行最怕什么，她准会说男人，而不是鬼。

## 二

云回忆起不少性引诱。她所住公寓的邻居便是系里最英俊的青年，他的英俊是雌鸡会上公认的。这位女人眼中的白马王子同云握手时有情地掐她的手心示意，云假装不解其意。他们在同一层楼上住了一年，云常见他更换女友，俨如美国人每天换衬衣的好习惯。假如云是一位隐蔽着的女唐璜的话，她却憎恶男唐璜。到匹兹堡大学没几天，一位美名为"石榴裙下的绅士"常凑在云的办公室里聊天，有一次他注意到云头上有几根白头发，伸手便要帮她拔掉。云是位新来者，不愿意得罪人，耐着性子，没发脾气。不出两个星期，系里充满了关于他们的谣言。

——听说昨天夜晚他请你到酒吧去了？

——没有啊。

——没有？这不可能，系里每来一个新女生，他都请。

奇怪，他从没邀请过云。一次他主动开车带云去超市买食品，他表现得可是再正经不过了。尽管如此，云被惹脑了，看见了他就恶心，因为自己被他的坏名声而玷污了。一个女人的名誉比她的事业更重要——理性占上风时，云相信这一实践出的真理。不久，云在系里又以跟不上生活的"离群者"出名了。

晚会上，望着玛丽和黛安娜分别骑在培格和比尔的肩头上打打闹闹，云希望自己也能够掺进去快乐一阵。看见汤姆把两个大柚子装进汗衫里充乳房，在床上扭来扭去笑得大家喘不过气来，她希望自己也能发明个玩笑。

怎样才能跟上生活呢？除了性乐趣之外，还有别的门路能和众人打成一片吗？跑到教堂里去，认识了几位上年级的男女教徒，文明地谈笑一番，也寻到些乐趣。云开始喜欢吃和穿了，她甚至写了下边一席话来表达一瞬间的自我。

> 我是一个女人，我的心是那么的细小。如果想一分钟的哲学或数学，我的大脑就会以想十分钟的宇宙

> 之爱来奖赏自己。我爱吃、爱穿、爱逛商店。难道这些不是生命最根本的活动吗？为什么我要从敏捷的松鼠变为当代沉重的袋鼠——她口袋里装的不是自己的孩子而是他人孕育出来的婴儿呢？
>
> 我不是告诉过你吗？我是一头骆驼，遇到机会，便吞下成吨的好食品。“喂，云，又该填你的骆驼了。”啊，我太高兴了，即使明天我会失去竞选总统的机会，我也要去吃。我从来像寄生虫那样吃过吗？没有。当我咀嚼纤维的时候，我以诙谐的胡诌付帐。它的深远意义远不在于吃。

这些小巧的文字游戏并不能如意地锻炼云的智力，被惹怒或受到威胁的时候，她感到血管的流通。在平静得无法刺激想像力时，她产生一种寻求痛苦的欲望。

痛苦
爱的休克
让时间的机车
　　窜出隧道
让我瘫在羽绒下
　　吮吸梦汁
让死者死去
让梦者睡去

醒过来是被拖过无边的沼泽
觉醒产生钝锯拉出来的疼痛

生命没有痛苦，胀成了无泊点的气球
痛苦，一块颤抖着的肉在滴血

痛苦！
　　痛苦！
　　　　　　我失血的嘴唇喘吁着

不是痛苦的手指才能在神经的琴弦上
　　揉出最美妙的音乐吗？

假如上帝能实现我一个愿望
我就振臂乞嚎：
痛苦，请把我打入爱的永恒坟墓
　　去享受无尽止的痛苦！

## 三

一个人不采用爱的途径怎能惹痛上身呢？云决定扮演一下女猎手的角色。巧得很，她一下便逮住了鲍布，或鲍布逮住了她，竟毫不费力。

"哦，你是在伊利诺斯大学拿的硕士。我曾经在芝加哥大学教过书，对阿巴那—香槟一带很熟悉。有一年，伊利诺斯大学的英文系还请我去作了场专题讲座。你在那里过得怎么样？"

"还不错，只是一位教授被我的一篇文章惹怒了。"

"你写的是什么？"

"我写的是齐兹的《秋颂》，基于诗中有关曲线、圆、浓、密汁之类的形象，我把《秋颂》解释为女性美的一首颂歌。可那位教授责问我，为什么不谈男性美？"

"哈，哈，哈——，男性美。一个女人的身体有许多可欣赏之处，一个男人的身体有什么值得看的呢？即便是女人也喜欢看漂亮女人的身体，你想是不是？"一个新颖的问题。思索了一下，云自我承认只要是真美对她都具有吸引力，无论是男性的还是女性的。中国古典美偏向于女性的光滑和小巧，但近些年来，中国美的鉴赏力受到了西方的影响，开始接受毛烘烘、有棱角、线条分明的大美，粗美。

"今晚到我公寓去，我们继续谈吧。"

云喜欢跟他谈话，而且一下被他那双炯亮的眼睛迷住了。回到办公室，写了首短诗。

一宇宙之灵

没有国际
没有年龄
只有爱流上
那对慧眼

那对眼
坚毅而又温柔
高贵而又卑贱

好奇之光闪烁在
无所不知的虹膜上
两颗变幻无穷的星星
从太穹放射出音乐

读两遍小诗，云产生了一种对他的渴望。

天空
沉溺在忧郁中
一阵寂寞涌起
噢，鲍布——救急信号灯！
谁在森严壁垒的书斋内
疾声嚎叫？

风拉着手风琴
起舞的白鹤散下雌性的珍珠
一株雄树长伸鹿颈
茸角高过象牙塔的孔雀屏

她多么想变成一只小蜜峰
蜷缩在你荷花船的
心坎上

## 四

云一进鲍布的公寓， 鲍布就指点着让云观赏他发表的十九本书，云佩服得五体投地。（云忆起一个荒唐的情景，一次去见一位教授诗人，那位教授诗人把自己发表的书籍诗歌炫耀一番后，竟在他办公室里打开裤拉链，卖弄起自己硕大的阳具，云那时也不知道哪儿来的胆，像个医生一把抓住它，消除了它的膨胀。）云和鲍布愉快地谈论各种学术趣题，似乎平生第一次她感到在和一位智力平等的人交流，她觉得有追求他像哈姆伯特追求洛丽塔那样的必要。鲍布提议他们俩第二天夜晚开车去宾州州立大学城吃晚餐。

那是一个细雨缠绵的浪漫之夜，但由于是宾州大美国足球季开幕的第一天，家家餐馆都没有空位。鲍布是一个风度高雅的绅士， 不愿屈尊于二类餐馆或快餐店。 他们俩开着车跑呀跑呀，不知跑了多少里，终于找到了一家乡村酒馆， 吃上了美味的鲑鱼。回到自己的住所，云把他们找饭馆的经历进行了一番文学修饰，记在一首长诗里。

**雨夜猎奇**

在石笋高耸的森林里
汽车野兽们在上了釉的丛径上飞驰
每辆都瞪着两只张牙舞爪的虎眼，在猎奇

亲爱的阿耳特弥斯
你狩什么猎？
牧鹿，雌鹿——缪斯的玩物？
对，好奇会杀死女人

看，那位嫩绿的老手
　　口袋里装满了纸金
　　在猎取一个酒店
找到了。可是，哎呀呀
瘪了的气球
谁知今天是美国足球勇士们的狂欢节？

没有预定？等九点以后
不行，着急会杀死男人

车蹄跑啊跑
唏——，这个也不行
看，里边没有人
饭菜糟得准难忍

寒冷的子夜，谁愿去发现
躲在野从里怒放的昙花？

车不停蹄地跑啊跑
唏——这家哪行？
　　高雅诱人的气氛可不能少
唏——这儿更不行
　　精英的香气仍在心中逗留

跑啊跑——厌倦地奔跑
　　是开胃的小菜还是
　　　　　惹人发火的红辣椒？
全不是
是理想追求的雪崩

呵，这家——“快又便宜”
干嘛不停这儿？
不！队太长
着急会杀死男人
你进去看看
不！好奇会杀死女人

进这家吧
　　珠帘上摇摆着几个倩影
　　气氛虽无法沏神茶
　　也算得上个快活的角落，要知道

它触摸过老詹姆士的脑膜[5]

哎呀呀
冒雨在水泥森林里猎奇
舌感做了饥肠的俘虏
口味在蘑菇雾中逐步降级
朱红色的嘴唇抱着无情之杯
开心地响吻—— 一个缪斯。[6]

## 五

一天夜晚他俩又探讨起性爱专题，鲍布问云是否看过美国色情电影。

“没有，从没看过。”

“一定要看一场，否则，怎么能谈论当代色情文学呢？”

他们动身到校园里去看一场。云吃惊地发现，看色情影片的观众中有几个是她系里的研究生，而且全是未婚的。电影简直是由几个下流动作沿着一条俗不可言的故事情节串起来的。看不到半个小时，云就失去了兴趣，她和鲍布提早退场，回到他的公寓。鲍布建议说他们应该来点儿真的。云说，下次吧。云心里明白鲍布感兴趣的主要是她的秀体，一根长钓鱼竿等待的就是那种事儿。

啊，美国的秃鹰
你想捡起她
　　像沿海边检起
　　一个耀眼的贝壳

你想触摸她
像触摸桃花丛中

---

[5] 詹姆士 （James Joyce）是名著《尤利西斯》的作者，写过短篇《快活的角落》。

[6] 原文 A-muse 有双重意思，指诗神缪斯，也指冥想。

一片粉红的花瓣

她愿把青春吹进你发钝的尖嘴
她愿用胸热熨平你额角的皱纹
为了爱，她像浪涛垂下柳丝般的头冠

提醒你，亲爱的秃鹰
她不是天使，而是黄河里的鲤鱼精
　　发誓永不许被遗忘——
　　如中国海上冷静的蜇景

## 六

星期天，云和鲍布一起在树林里散步，然后和他在公寓里做了爱。鲍布虽然比她父亲年迈，她并无不适之感。她意识到自己对老头的爱是知识上的吸引，而不是色欲，她想利用他去获得精神解放。

"下星期还来吗？"

"来。"

有人可以占有她的躯体
有事可以占据她的心间
可谁能赢得她的爱——通向诗化世界的天梯
她冷酷如冰
寻找的不是情人，而是玩偶缪斯

骨头没有髓——
分层的岩石
爱，生活坚石中的髓

来吧！
爱，你是来拯救
被封冻在墓地的缪斯吗？

是的，我来了
我自愿地来了
你不要求我跟你走
我们肩并肩地漫游

是的，我感到幸福
非常幸福
你是我的理想形象
我进入你
反而和自己交配

是的，我很激动
激动地去迎接
蜕变后的新生——
蝉壳内窜出一只暴风雨中的海燕

是的，我自由了
我不再凝冻在窖瓮内
我逃出了如来佛的法力
再不畏惧她的千手和千眼

## 七

云在回忆他们的多次接触，当云提到和鲍布谈话有一种平等的感觉时，鲍布大笑起来，“你怎么能和我平等？也许艾玛够格，她出版了十七本书，不过她的身体丑陋，我不爱她。”云认识到男学者很少混淆学术和肉体，著名的男学者常同专业内或专业外一位业务逊色的美人结婚，女人的美和学术是无法沟通的。躺在床上，她感到一阵刺痛，开始编一个哄孩子睡觉的童话故事。

**鲍布**

鲍布
一种宇宙鸟
日新夜异
趾高气扬
立在珠穆朗玛峰上
挺着西方圣人的胸膛
指着东方圣人的脑袋
骄傲地叫道：
喔——喔——喔——
我的头冠真漂亮！

小小云雀抓着颤抖的树枝
太阳出不来了
阴暗继承了黑夜
突然
天空甩响了金鞭
牵着的火龙抖起燃烧着的鳞片
　　跳起迪斯科
酩酊大醉的树木疯狂地扭着、摇摆着
互撞起乳房和臀部来

“小云雀，小云雀
来，和我一起跳舞！”
宇宙鸟点着花冠邀请她
“我不会跳——”
云雀的声音细小得几乎听不见
不小心，一摆头
她跌到了森林空地的音乐台上
动物们正在比赛原始大合唱
吼，嚎，嘶鸣
　　唧唧，喵喵，啾啾
　　有的似打呼噜，有的似打喷嚏
小云雀从死树叶里爬出来

以苍鹭的红冠为鞋
唰地独脚跳起来
天空充满了猫头鹰的不祥狂笑
哈哈——哈哈——哈——
看，她忘却了自己
她能脚尖旋转了！

整个世界模糊了，模糊着
天上的龙蛇闪呀闪
水中的鳄鱼扑溅
小心成性的云雀再也不在乎了
她在湖边黄水仙丛中漫舞华尔兹
她在海涛尖上跳来蹦去
她在熊熊的电火中翻跟头
她在冷冻库里花样溜冰

狄俄尼索斯耍野了
却没有找到知己

喔——喔——喔——
我的头冠真漂亮！
"相隔这么远的距离
之间的连线又那么短
我怎能飞到你身边？"
小小云雀一头扎进了催眠海里的
绝生深渊
在死亡朦胧中
她敏感的耳朵
伤感地听到
乌发的褪色声
寂寞的小脚踏着丧曲：
什么也不能持久
哪怕是黑色
划下麻木的几道

便悄然离去……

## 八

下一周末当云来到他的公寓处，发现门口有个年轻的女人把着门，原来鲍布在里面打电话，害怕打扰他。鲍布告诉云，那位女人是他的女朋友，已有两年多的关系了，今晚他想和她们俩一起共享人伦之乐。云惊愕之余，断然拒绝参与他们策划的床上三角爱。不过她最终接受了他们的请求，为他俩拍照片，云以艺术家的眼光选了几个好镜头。 临走时，鲍布问云，“我们俩都是正经人，对吗？”不错，他们俩确是正经的一对儿，云看出来，为了爱，那女人表现得像只可爱的小猫咪一样温柔驯服。不过也不应勉强个个女人都做有棱角的女权主义者，女性的娇滴滴自有她的美色。也许，做什么样的女人应是女人的一种个人选择。

这下，云同鲍布的关系便大白了：两个游戏人。

当我爱你的时候
你的爱带走了我迷失的身躯
当我恨你的时候
一种极度的关心煎着自己的心
双方麻木的时刻到了——
像黑夜对疾驶的乌云一样色盲
似高山对汹涌的大海一样耳聋
用沙堆砌的城堡摧毁后
两个游戏人默然分手，毫无痛苦

鲍布离开匹兹堡到巴西教学去了。圣诞节之际，他给云寄来了一个问候的卡片，云送给了他“雅典娜给阿波罗的汇报”。[7]

雨泄完了鱼子
风失去了原力

---

[7] 雅典娜是希腊智慧女神。

雪化时
　　皆为无有
　　　　　俩铁环
　　　　　　　　分道滚去

为了解释这首诗的意思，云还编了个圣诞故事。 阿耳特弥斯和阿波罗每一百万天交叉一次光线，他们俩相遇看见对方眼睛中流露出爱的时刻，也是他们俩分手的时刻，阿耳特斯对阿波罗说：

“你越过我而去，因为
你喜欢把光散给太多
你走后，我的心痛
感觉麻木，手指乱绞
请把我的心带走
　　去重造你圆体内的蛋黄
　　没有了心，我将会永远快乐
请你把我的玫瑰手指带走
　　没有了手指，我再不会
　　抚摸清晨的鱼肚”
她说着说着身体渐渐逝去
脸变成了一只大眼——
　　雅典娜那明亮的慧眼
阿波罗听着，哈哈笑着
　　变成红妆素裹的圣诞老人
他用心和感情做出无数玩具
　　去引逗人间的欢笑
　　远超过了太阳的能力

绿色的树伞
红漆的雏菊铃
大眼的黄水仙
　　扭着腰肢
　　朝蓝天骚情

见阿耳特弥斯多情的眼光落在一只跛脚的牡鹿身上， 千百声干笑在猫头鹰的喉头咯噜作响。

不管怎么说，云爱过鲍布，并继续把他当作最令人尊敬的老师来爱戴，因为他无愧为她学术上和爱情艺术上的优秀指导老师。鲍布给人的感觉很天真，几乎像是个孩子。两个月以后，云顿开茅塞，给他寄了一首赞美两位游戏人的小诗：

一个十九光滑如瓶
一个二十玩童的眼睛
啊，一对寻梦人！
抓住超越时空的玫瑰
在天真无邪的神曲中荡秋千
年龄已从天河中溜走
我们还会老吗？

## 九

云最终切断了性与爱之间的连线。之后，她尝到一种前所未有的轻松。

星期五下午她出去找一处公寓，自然越便宜越好。不远有一栋古老的建筑物上面爬满了干枯的常青藤，宛如披着美杜莎的蛇发，建筑门口站着个中国模样的年青人。他看见云很热情，自我介绍说他叫孙建，是化学系的研究生。听说云在找房子，马上说这里有套空房，房东就在一楼，办好手续明天就可以搬过来，而且他可以用自己的汽车帮她搬家。

哪儿找这样的好事？云没有汽车，便不必假客气了。

星期六她便搬了进去，楼虽古老，房子质量确是一流的。云在套房里转来转去，十分兴奋，因为这套房子出奇的大，有许多分间，一般公寓有的它全有，外加太阳房、小书斋、停自行车房。带门的壁橱，这儿一个那儿一个；客厅特别大，没盖地毯的橘黄色地板亮得照人。出外靠朋友，云在美国对这一点体会颇深，但也不能白靠。云习惯用自作的美餐招待帮助过她的人。这种习惯的形成有两个原因，一是她本性不大方，舍不得把客人带到昂贵的饭店里；二是她生来好动，一切都爱自己动手，特别喜欢根据自己的想像，五花八门地做一大桌子。

星期天晚上孙建带瓶红酒来到了云的住处，他们俩端端正正地吃，客客气气地谈、喝、咽，再正经不过了。酒足饭饱后，桌上五颜六色的菜肴还像没有动过一样。这下冰箱该撑得像感恩节搪塞的大火鸡了，不用说，云一个星期都不用再做饭。

孙建仍坐着不走，当他终于磨磨蹭蹭地站起来，抬脚要走时，突然说，“我们还没有吃最后一道呢？”

“什么最后一道？点心？冰激淋？对不起，我忘了买了，中国饭谱通常是不和甜食配套的。”

“不，我指的是性爱。”

“啊？那个！”云大吃一惊，不过很快恢复了过来。听见一个年青人，特别是一个中国人，这么直率使云感到滑稽又好笑，所以她并没有发怒。

“嗯，让我想一想，明天告诉你。”

孙建像个知罪的小孩离去了。云竭力捕捉他的形象，可心里一片空白，什么形象也出不来。他相貌平平，如果再丑一点儿也会留下印象的。不过他年青，他最后一句咕哝是什么？童贞？二十八岁的男人了还保持着童贞？ 一个男子的童贞对一个女人的心理会有什么影响呢？她想起了自己老实巴脚的丈夫，婚后和她一起睡了十几天，还是一个童子鸡。她又想起了孟浩那种渴望而不得的神情，“我真应该在你婚前和你发生关系，我从没尝过个黄花秀女。”他那神情足使云相信他这一辈子如果不能破一女子的童贞，他会死不瞑目的。

## 十

次日孙建背着书包来到云的公寓，意图明了，如果遭到拒绝，他便躲到图书馆里去。他那种自卑而又急切的表情使云感到残酷得说不出“不”字。乐桂恩不是说性可以是一种同情的手势，或者怜悯，或者赠送朋友的礼物，或者放松神经的手段吗？他是一个童男，和第一个女人的开化接触应该是纯洁的，而不是猥亵的。云说，“明天是我的生日。”也许是谎言，她怎么想哪天过生日就哪天过呢？

孙建忙邀请她，“我们到哈利斯堡的北京园去庆贺你的生日吧。”

“哈利斯堡离这儿多远？开两个小时的车？行。”

那天夜晚大约十一点云听到有人敲门，外边能把人冻成冰棍，这么晚了会有谁造访呢？原来是孙建，冻僵的手里抱着一束黑红色的玫瑰花。云把他放进屋里暖暖身子，就又把他赶到寒冷里。云查看了一下送来的花束，里面没有卡片。根本没有卡片的必要，如果他写上什么情呀爱呀之类的，他会是一个令人作呕的伪君子。他只是饥饿了，他在乞求性爱，他神经质地摸着紧绷的牛仔裤，不过必须让他先受苦，先等待。

云和孙建为这次特殊的机会穿戴打扮了一番。去哈利斯堡的路上，云不停地逗孙建？怂恿他说出自己平时想说而又不敢说的话。云一会儿咯咯咯地笑得像个小姑娘，一会儿嘎嘎嘎地笑得像个野男人。孙建完全放松了，他甚至掏出暗藏的一张金发女郎的裸体香片叫云看。

“北京鸭，糖醋排骨，蒙古烤牛肉……”

“够了。”云一下打断了叫菜的孙建，干脆极了。

他们俩吃啊，喝啊，笑啊，云几乎是第一次扮演了听众。她了解到业余时间孙建打牌，看黄色小说和色情电影。

“你看不见脸，她是被一种上下滑动的不透明玻璃挡着的，她可以看见你，但你看不见她，她掌握自己部位的暴露度，付两美元你能看见她的奶头；五美元，看见她的阴部；十美元，你可以摸……用手指……”

云被惊得目瞪口呆，半天才缓过劲来。这真叫美国，自由世界。

云吃完正餐后，忽然有一种不满足感。

“我能吃个冰激淋吗？”她的钱包忘在车上了。

“当然可以！”孙建高兴得像个父亲又像个孩子。

很快一个玉米面的脆圆椎座托着螺旋形的巧克力冰激淋出现在眼前，云从招待员的手中接过来，举着，仿佛是自由女神举着火炬。火炬开始融化了，往下滴。

“快，看滴了，让我来一口。”孙建戳过嘴，一口咬去了小一半。接着孙建和云一对一下地舔着嘬着。云想起在武大时，她有两位得意门生，不少人推荐他俩留校，但终因在校园里被人看见过一对一下地从一个碗里吃饭，失去了留校的机会。不过，这是美国，没有任何值得恐惧的，周围连看他们一眼的人也没有。

“我们今晚在旅店过夜行吗？”孙建提议，比以前自信多了。

“今晚我还要赶着写篇论文。等到下一次吧，再说我们离家还不算远，住旅店不合适吧。另外，我也不愿在公寓楼和你来往，监视的中国眼睛太多了。”

孙建挺机灵的，回去后，便着手准备和云在下一周末去俄亥俄州的海洋世界游玩。

## 十一

“我同我那帮哥儿们来海洋世界玩过三次，可是这次和你一起来，一切都格外新鲜有趣。”

“真的？钓上了个鳟鱼。”云不高兴地说，因为这种钓鱼竞赛是毫无意义的，小池子里挤满了鱼，需要很高的技巧才能避免鱼上钩。

“海豚表演得太高级了。”云为跃出水面的天使照了张快像。据说海豚是最聪明的哺乳动物，然而除了为观众多提供一些娱乐，它的聪明又有什么用呢？

他们终于进入了一家旅店。 孙建捺不住的兴奋和紧张使云也变成了个害羞的处女。不过，男人毕竟是男人。孙建鼓起勇气把云按倒在床上，要吻她，她却把他推到一边。淋过浴，云躺在雪白的被单下等着。他在淋浴，一会儿他将会侵入她赤裸裸的领域。 她并不害怕，但觉得房间里充满了神秘。 他关掉灯，在黑暗中摸索着逼近她，也许是个老手，不需要教。他温和地做罢爱后，云打开灯，发现他的身躯难看得无法形容，像是有个碗大的树疤拧在腹部。

“哦，那个？我小的时候因蛔虫穿胆动过手术。”

天哪！她仿佛看见成把的长虫蠕动着从那个黑洞里往外爬。

“你是否注意到我的上身长而阔？我妈妈、姐姐和家里其他人对我特别尊重，因为我的心大，脑子也特灵。”

“你家里人尊重你因为你心长得比别人大？他们怎么能看见你的心呢？”云幽默地逗他，忘掉了他的丑陋。他们又做一次爱，比上次疯狂。现代不少中国人都大唱性即是美，没有人再嫌肉体丑了，即使某个肉体不雅，也只属于那个人，对做爱的对方毫无妨害。

春天，黎明早早地上了窗子而窗内爱中的人儿却醒得迟。云被贪婪的爱抚弄醒了，没睁眼，他们俩又云雨一番，当激起的浪涛化为平静的波纹时，孙建咂了个响嘴，津津有味地嚼起一首唐诗：

春眠不觉晓，
处处闻啼鸟；
夜来风雨声，
花落知多少？

“你看，这是一首性感十足的诗。孟浩然不只是在描写自然，他暗喻无数黄花秀女在一夜情风意雨的狂欢后失落了。春梦美，但也可畏……”

云的诗敏感是出了名的， 然而她却没有对孟浩然这首诗有如此深的透视。她有一种受到启发后的喜悦。对，他说的对。林黛玉哀叹落花的命运把它们埋进清白的土里，以防那些被肢解的花瓣再被践踏进污泥。不过，云禁不住因现实的反讽笑起来——被夜雨摧落花的是他，而不是她。

“你笑什么？”

“没什么。”

## 十二

云和孙建一周又一周地寻欢作乐。他们感到屋顶太限制人了，便到森林里和湖畔去做爱，发展爱与性的学说。

“被警察逮住会罚我们三百美元的。”

“真的？”这个所谓的自由国度并没有中国自由。云在想庄稼地里到处踩出的爱窝和中山公园林丛内纵横交叉的肉体。不过爱的确需要一种非法精神的支撑。想像中的警察罚款起码为他俩添了些禁果的香味。

肉体的接触远不够形成人之间的关系。 中国常用的男女“发生关系”一词是再妙不过了，然而通常却被无知地曲解了。云和孙建慢慢开始发生了关系，他们畅所欲言地交流他们所了解到的那一部分人类知识：诗歌、艺术、色情、化学、数学、科学新发明、占星学、中国的命运……。有几个早上，孙建偷偷摸摸地把他自己蒸的热包子送到云的屋里；有几个晚上，云精做美食为出差的孙建饯行。在他们眼里什么下流无耻全消逝了，说骂人话都是人生正常的一部分。爱情家庭更是不离口。

“我能拿到弗罗里达的工作的话，你每个月会来看我吗？”

“如果我因飞机出事死去，你会在每年清明节为我的坟送上束鲜花吗？”

“我知道有一天我会成为你小说中的一个人物，请笔下多留情。”

写小说？写本《于女士和她的情人们》？ 云知道他有一种把他们之间的浪漫以文字的方式永恒化的愿望。

“你有妹妹吗？我希望能和你的妹妹结婚。”

“我有三个妹妹 ，全结婚了，一人一个小孩。”

“假如你怀孕了，千万不要打掉。我会抚养他的，我希望你能为我生一个孩子。”

“对不起，我已经有了一个孩子，忙得不愿再生了。”

“我会照看的，再说我们也可以把他寄养在一个美国人家里……”

“别胡说了。你还年轻，应该结婚，有自己的孩子。”

“你听到过校园里关于我未婚妻的议论吗？”

“听到过。”

“你怎么从来没跟我提起过呢？”

“那是你自己的事，我干嘛过问？不过，我倒有点好奇，你为什么把她送走了？”

“哎，她是个漂亮聪明的女孩子，在国内教师范。我接她到匹兹堡来跟我结婚。谁知道，她来了以后，整天魂不附体鬼鬼祟祟的，常背着我和一个曾在她学校教过书的老外打电话。我的哥儿们和左邻右舍都劝我把她送回去，大使馆也支持我，于是我就把她送回国了。你说她可恶不可恶？她利用我来到美国，一到美国就设法跟以前的情人来往。我想那个美国人也不会要她，美国人胆小、守法，哪里敢偷走一位已同另一男人领了结婚证的女人呢？她的情人肯定也拒绝了她。”

“她被送回国以后怎么样了？”

“听说她家把她赶了出去，她失去了工作……”

云什么也听不见了，她知道那位少女被整个社会遗弃了，没有男人要她，没有女人同情她。她日夜哭泣，最后她喝敌敌畏，死了。

“没，我没听说她死了。”

“我知道她死了，你杀死了她。”云感到非常痛苦。一个少女在屈遵于丑陋的现实之前，为什么不能有一瞬间对梦幻追求的权利和自由呢？你认为你们男人都是正义的化身？你宣判了她的死刑，然而看看你自己，你和一位有夫之妇厮混在一起，却没有一丝羞愧。云知道她离开他以后，他将会和一个年青的姑娘—— 一个处女结婚。

受到这次刺激后，云和孙建分手了。

不久孙建有了一位年轻的女朋友。

也许那位女朋友常因即将掉入丑陋的现实而烦恼，脾气暴躁，动不动就拿孙建发火。孙建想返回云的怀抱，云巧妙地避开了他。一次晚会上，云对他的女朋友说，真正的爱情不应以貌取人，要看他的真才实学。尽管孙建还没找到工作，他智商高、能力强，会有前途的。

一天孙建匆匆找到云，说他的女朋友和他决裂了，因为她听说他和云在俄亥俄过了一夜。

云看着他的眼睛，严厉地说："我从来没有跟你到过任何地方，我从来没有去过俄亥俄。"

"你……"孙建被震醒过来了。

第二天孙建和他的女朋友正式订了婚，云心里说不上高兴也说不上不高兴。她尽了旧情人的本分，却无法替那个无故被他遗弃的姑娘复仇，也许这种复仇是一位生过孩子的母亲无法做到的。

## 十三

离开孙建以后，云在校园里同一两个人发生过"偶然"或意想不到的关系。暑期教速成中文班的时候，她无意中在班上提到还没有看过自由女神像。暑期课结束时，一位有意的青年托尼，主动邀请她去纽约观光，看自由女神。托尼大约有二十五六岁，虽不是班上最优秀的学生，却是长得最帅，最机灵，最懂事的年青人，云愉快地接受了他的邀请。那时托尼在肯德基炸鸡店工作，下午五点下班后，他们才兴冲冲地出发。托尼准备了地图，照相机和导游图，云准备一些路上吃的和喝的。当托尼的卡车开上高速公路时，他们兴奋得像两个没见过世面的小孩子。天黑以前，卡车开到了一个仰在山坡上的漂亮的大房子面前。

"这是我朋友的房子。他过去是一个小学教师，现在弃教从商了。由于他经常出差，就请我有空时来看管一下房子。"不错，这种房子只有商人才住得起，云相信教授爬得再高，也难买得起这么豪华的大房子。它像是陈列在华盛顿建筑博物馆里的一尊模型。大自然恰到好处地被移到了室内，你能看见水流潺潺的瀑布，客厅中间有一个植物园，长满了奇花异草，一株高树从太阳屋顶冲出去。房子里没有现代化的楼梯，要上二楼必须攀登一个木制的梯子。云想上去以后把梯子一抽，大概就同大地绝缘了。当她满怀好奇地跟着托尼爬上二层，她看见一个房间里摆满了图书和各种杂志，另一个房间里存放着猎枪和各种体育设备，寝室里放着张帝王号的大床。壁橱，像小孩捉迷藏似的，使云很难都找出来。

云和托尼一起下了楼。

“这个人好像没成家？”

“对，一年前他的女朋友死了，至今他一直独身生活。”

“多么漂亮的一座房子，我从来没有见过这种按美学风格设计的现代建筑。”

“它是一位著名建筑师的试验品。”

云和托尼吃着便餐，喝着咖啡，轻松地聊着天。夜很静，简直太静了，他们好像是露宿在森林的深处，然而却有现代文明的享受。吃过饭，托尼开始看当日的《纽约时报》，云生硬的手指在三角钢琴的黑白键上滑来溜去，她并没有真弹，心中没有任何成形的乐曲，然而漫不经心的音乐却产生了余音绕梁的效果,也许在这种美好的环境里，连嘈音也会变成美妙的音乐。然后他俩一起看电视看了许久，托尼瘫在美国人叫“懒乖乖”的躺椅上，云斜躺在沙发里，他们之间完全没有性别的感觉，夜有一种抒情诗的风味。

淋过浴后，他们突然意识到人还需要睡觉，可房间里只有一张床,云不加思索地说她要睡在客厅里的沙发上。托尼笑着说，“我们合睡那个床吧，床很大，一人一边，互不干扰。”

云穿着一件白色的高级连衣裙侧身睡在一边床沿上，她那条连衣裙是大减价时十五美元买的，穿着上班有点太时髦，睡觉用倒是挺舒服的。托尼侧身睡在另一边，两人背对背。不过侧身一边睡是很难持久的，云忍不住了，翻了个身。托尼马上翻了过来，并伸出一只手臂款款地挽起她的头，云没有吭气，静躺着一动也不动。托尼脱下了她的连衣裙，在黑暗中，云看见自己的躯体变成了一个山谷，……。云不由自主地像流行女歌手那样发出痛苦与喜悦搅混一体的呻吟，不过，并没有出现真正的亢奋，只不过一种下意识的模拟罢了。阳具的撞击变得太重太机械了，云不得不示意让他停下。

他躺在她身边，好像他们之间没有发生过任何接触。云问道:“你没有射吧？”

“没有，我还不到当爸爸的时候呢。”

“怎么会硬那么长时间呢？”她丈夫的硬不过一分钟，她情人的长多了，但也从没达到她忍受不了的程度。

“我锻练的。”

“怎么锻炼？”

“看性类书籍和交女朋友。”

“你一定有过很多女朋友吧？”

“对，我在德国服役时，见了女的我就低三下四地追，不过我现在不了。目前我没有交女朋友，虽然很多女孩子对我感兴趣。”

“你不知道我比你大十岁吧？”

“年龄不是问题。不过你是我的老师，你有丈夫，这使我心里不安。” 看来，美国人在性爱方面并不是没有道德观念的。

“当然，我们这种关系不会继续下去。”

他俩酣睡到大天亮。相互打招呼以前，又做了一通爱。云的感觉不是十分兴奋。他们俩没有亲吻，做爱对云来说要比吻容易，除非双方动了真情，她是不愿意接吻的。

他们在纽约玩得很痛快。几天以后，托尼便离开美国到北京去深造中文了。一年过去了，云对他的印象已经淡漠。一天，系里的秘书告诉她有位年青人在找她。

“是中国人吗？’

“不，是美国人。他等了好一会儿，然后把一个小包放进你的邮箱里，走了。”

云打开小包，见里面是罗大佑的一个磁带《同志和爱》，上面还写着几个中文字：请接受托尼的爱。上面并没有地址或电话号码。

## 十四

云的肉体从爱的囚狱中解放出来以后，她的心开始轻松、变大，她的行为不那么墨守成规了。她和一位物理系离了婚的单身女生住在一起，周末如果她俩觉得无聊了，便邀请几位单身的男研究生到她们宽敞的客厅里跳舞。跳舞给云一种纯真的美感和愉快感。她高兴地看到，男人们总是渴望着被邀请，他们停止了打牌、看色情电影，从图书馆里借来跳交际舞的书。云听说他们相互抱着练习，并为某一舞蹈动作的准确性争论得面红赤耳，对学术上的问题从来没有这么大的劲。他们的衣着风度也有了明显的改进，露出一种新学来的高雅。一些男士来时还带了他们年轻的女朋友，但是那些女孩子太羞却拘谨，不能像云和她的同屋那样萧洒起舞。一个周末，他们在震耳欲聋的音乐和影射激光下狂舞。另一个周末，云提议每人带一个袖珍录音机和一副耳机，大家像龙卷风一样飞旋，每个人自己听到的音乐都是那么的贴己，那么的歇斯底里，然而暗淡的灯光下，你只能看到一群无声的醉影摇来摆去。最令云开心的是舞间闲聊，男男女女都喜欢云大喷特喷她的所谓爱的哲学。云的客厅里只有一张椅子，只好由她这位房东来坐，她高高在上地坐着，其他人随意坐在地板上，形成了个半圆，看起来还真有点像一银河的星星面对着月亮。

云在校园的中国学生中成了名人，大家开始议论她和她的公寓沙龙。云喜欢“沙龙”这个名词，她能想像出一屋子舞蹈着的人形成一条龙，龙体内每个舞蹈者又是一粒沙子，随着自己的心声起伏流动。研究生们知道了，纷纷给云打电话，想参加她的舞会，几个年青小伙子开始来拜访她，替她干些小活。金融系的一位年青学生给她打了好几次电话，说他病了，云知道他是得了相思病。一位有妇之夫但在美国又看不到妇的可怜人，请云和他一道去看场电影。还有位精神抑郁的青年人，他妻子比他早到美国一年，便因他当时未能出国把他给甩了，也请云陪他到树林里散散步。自然，谣言四起，女人的咒骂尤其狠毒。不过，他们又能说她什么呢？除了骂她“破鞋”、“婊子”或把她叫作美国的遇罗锦。云从不把这些骂出格女人骂了几千年的话放在心里。不过，后来她也收敛了，因为有位好朋友告诉她某人是大使馆派到中国学生中的探子。云是个非常实际的人，明白这样下去回国后的下场，遇罗锦已经在西德寻求政抬避难了。

虽然云在中国学生中是一个令人目鲜心悦的小妖精，在自己系里却一直保持着老实巴脚的单纯形象。她是位好学者，不单中国古老的哲学，连民间俗话也使她获益匪浅。辟如，“兔子不吃窝边草。”什么意思呢？草是不是有什么经济利益？不是，在性与爱方面来说，也就是聪明人不在自己的单位里找目标，草是为了保护自身。哦，我明白了，难怪你是系里“最后一个清教徒”呢。出了窝，兔子就自由了。

不过，云的一些小生活哲理往往弄巧成拙。当她弄假成真，开始变为性与爱分离的信徒时，没料到那么快自己就摔了一大跤。

## 十五

生活真它妈的会捉弄人。不管云多么能干，在美国她总觉得自己离了英语拐杖走不好路。这一弱点便成了她和普鲁斯之间从未打算过那么认真，结果却太认真了些的浪漫史。

云初学英语时已经二十三岁了，脑子里某种封闭使她无法在一门外国语言上达到完美的程度。她写了文章之后，没有土生土长的美国人看一看，总不放心。这种不完美性扩大了她在浪漫上的暴露面。她的阅稿人通常都是男的，女人们看起来总好像忙得自己的事情都干不完（云没有意识到自己对妇女的偏见，她很少请同性人帮忙，大概也是一种异性相吸引的生理局限吧）。

当云写完了一篇关于乌托邦文学的短文后，就请同班同学普鲁斯给看一下。普鲁斯人看起来不错，老实又耐心。三天以后，他把文章还给了云，只见上面布满了咖啡污点和烟草味。不过云很高兴，因为他文章改得还好。几乎什么东西令云觉得好就亮起了浪漫的信号。

现在一切都成了需要考古的过去，人们可以随意谈起云和普鲁斯，好像他们只存在于骗人的童话故事里。

初次见面的时候，云几乎没有注意到他，这里完全没有白马王子那回事儿。实际上，普鲁斯身上有种闷气、沉劲、慢性。只要这些特征与云没有关系，她也犯不着厌恶。

完全出于公事公办，云才下劲地为他做饭，很快桌子上摆满了中国菜肴特有的形和色。他来电话了，说不能按时到。烦人，云倒床上睡了会儿觉。快九点的时候，他终于来了。他俩吃得很愉快。大约十点钟，普鲁斯说他得回家了，因为他是个结了婚的人。云回答说，我也是个结了婚的人，还有一个孩子。 在浪漫的路上，美国人通常是用“结婚”当作扫雷器的，一扫出地雷“已婚”，但还尚未分居或离婚，十之八九就停止不前了。云了解这一点，所以互通情报很及时。

事后，云连想也没想。可没料到普鲁斯第二天打电话来，问他是否星期天能见她。那怎么不行呢？明天下午一点来吧。他来了，默默地抽烟，云觉得有点奇怪。他终于张口了，问她是否喜欢到树林里散个步。云穿上运动鞋，准备出发。他把车开进了树林中的一条死胡同里，一块调车头的空地，大约有两个房间宽。他俩站在那里，凝望着四周高树围出的天井。普鲁斯走近云，把一只手搭在她肩上，云没有抖掉它，同他一起缓步而行。 他看起来是个冥想过多言语过少的人， 他那真挚的态度、老实的面孔似乎有一种操纵云行动的魔力。云跟着他走，脑子一片空白。他转过脸，庄重地看着云的眼睛，将她轻轻地拉近他的身子，吻了下她的嘴唇，云没有积极配合，但也没有反抗。接着，他们便开车回到云的公寓。

“我们可以做爱吗？”

“什么？”

“你愿意和我做爱吗 ？我们可以到一家旅馆去。”

“为什么去旅馆呢？”

云朝卧室走去，他跟着。

他们那天下午做的爱很合云的口味， 他的抚摸带有母性的温柔、敦厚，他的一触一动都具有罕见的敏感性，他的深入既有高潮又有缓冲的催眠力。他缩起牙齿，用双唇吻遍了她的脖子、肩臂，女性领域里的每一个角落。云没有觉察出性恐惧或激昂的情感，除了舒服还是舒服，舒服……。 她知道这不会是他们两人做爱的结束。

当天夜里云作了个美丽的梦,醒来时她忙纂起笔捕捉它潜逃的踪影。

**给普鲁斯**

一个形象或印象

　　出现在黄昏意识的

白色泡沫上
微笑
与我所熟悉的微笑相配
我从甜蜜的昏晕中挣扎醒来
看见你
从情欲洋溢的云朵里走来

风轻柔地吻着细浪
和我分享着唇指的爱抚
风呜咽着 扑……扑……扑……
浪翻滚着 噜……噜……噜……
退去时的情乐有这般痛苦
嘶……嘶……嘶……
倦了的轮胎从及时的针孔
舒出阵阵呻吟
爱的针尖撒在
迎春花的金色瓣上
扎得如此深
刺进了神秘处的细胞
分枝扩散
触及耻骨区的神经
喜极的一战栗

我把水娃娃越抱越紧
似有一个九个月的胎儿
在大自然的盆腔内骚动
望着那情感得一戳
透过大开的毛孔
将滴水的珠子
散进迷雾里

我和你一起越变越小
终成了身穿出生肤的爱神
在诗灵敏的轻刷下

颤动
诗感的指尖撩我　戏虐我
使我舒服到瘫痪

我说
我知道为什么傻瓜喜欢
溺死在海里——
爱，我的头号大敌

## 十六

云不在意和普鲁斯发生关系，但却有意识地抵制爱的侵蚀。她把她和普鲁斯之间的关系定调为生活多样化的调剂。普鲁斯到底不是个哑巴，他开始讲话了，他那低级而有味的喋喋不休总使人觉得诚实得可爱。他告诉云他十八岁的时候娶了凯伦，纯粹是因为她爱穿紧绑的牛仔裤，很性感。接着他又报怨起来，说什么他是受骗结婚的，如果凯伦不错拉了怀孕的警报器，他们怎么会在不懂事的年龄就结婚呢？后来他和凯伦分居了八年，两年前才又合住在一起。他说结婚后凯伦花钱花得吓人，不管他挣多少，也赶不上她的消费。

“我那时在空军部队里当副驾驶员。出去执行任务时，我舍不得进昂贵的饭馆，只吃些便宜的快餐之类，可回到家，发现凯伦又一次滥用了我的信用卡，欠下了两千多美元。”

“她怎么利用信用卡搞钱的？”

“那还不容易？先从商店里买大量昂贵的东西，然后再送回去拿退金。”

“哦，还挺费劲的。她要那么多钱干什么？买衣服吗？”

“我也搞不清。一次我回家，我从前门进，看见她的情人从后门溜了出去。”

“于是，我开车跑了。八年以后又遇见她时，她简直变了另一个人。我抛弃她以后，她拼命苦干，拉扯大了我们的两个孩子，她还自付学费上完了职业大学，取得了X光技师的执照。”

云虽没见过凯伦，对她的印象很不错。她不准备把普鲁斯抢走，可能的话，她愿意使他俩过得更幸福。

果真不错，遇到云以后普鲁斯开始变化了。他由忧郁、放任自流而转为开朗、勤快、关心对方的好丈夫。他对婚姻关系的健康发展有了创新精神。春假时，他把孩子留在家里，单独带凯伦到海边去，住进一间小木头屋里，分享浪漫的情趣。

凯伦成了他幸福的镜子。一天普鲁斯对云说，"凯伦这几天显得格外幸福，也许她在学校里有情人了，今天下午我打算跟随追踪。"

"假如她有了情人，你们就平等了。为什么要监视她呢？"

"嗯，好玩罢了。"

男人跟随追踪他的妻子，可不是为了好玩。 云认识位英俊聪明的男人，因跟随妻子到树林里去逮她要见的男人，被妻子无情地甩了。一个有自尊的女人当然受不了这种侮辱。

普鲁斯极少谈起他对云的感情。 如果普鲁斯没有直率地坦白他每天百分之九十的时间都在想女人，云会感到受到了莫大的侮辱。"我的脑子一点儿也集中不起来，看着看着书，我的心里便一个劲地想女人。"

普鲁斯这般水准的人是很难使云倾倒的。 每次分手后，云立刻忘掉他，埋头做学问。

一天普鲁斯来到她的办公室。

"多么美的春天啊！我们到树林里去吧。"

"我想看完这本书。"

"走吧，拿到树林里去看。"他一下把她拽出了办公室。 他把车开进茂密的灌木丛里，想做爱。云正来月经，这个期间做爱通常被中国人视为是一种罪过。

"没关系，美国女人这个期间性欲最旺。"也许女人都是这样的。

他们第一次在野外做了爱，浴巾被染得血红。

"今天早上醒来以前，我正在做一个梦。 起来后我一直想你，怎么也放不下。"普鲁斯在唠叨着。

## 十七

一个星期以后，云告诉普鲁斯她的丈夫和孩子要从中国来了，请他开车一道去纽约接他们。云感到很兴奋，恨不得化为一只鲲鹏，让玫骑在背上从肯尼迪国际机场飞回来。可没想到普鲁斯听到这个消息，脸变了色，结结巴巴地说他不能让云离开他。

"我并没有要离开你。你身边有你的爱人和孩子，我有我的，这下我们完全平等了。"云显得很轻松。

普鲁斯起了很大的变化，他掉进痛苦的泥坑里，每日念叨着他对云和凯伦分裂型的爱。云简单地告诉他停止这一切愚蠢的自我折磨，她和凯伦之间并没有矛盾冲突。一天普鲁斯郑重地宣布他决心要和云结婚。"疯子，你想叫普鲁斯 • 于 吗？"云逗他说。他倒挺认真地点了下头。

第二天晚上和家人吃饭时，云接到一个电话。

"你是谁？凯伦，普鲁斯的妻子？"

"对，我们必须在校园门口的那个饭店里会面谈谈。"

"行，把普鲁斯也带去。"

凯伦见到云丝毫没有发火。 她平静地说她得知了云和普鲁斯的关系，并不介意，但不愿被搁在圈外。"那么参进来吧，我们三人在一起会更快活。"云说的是心里话。他们越谈越投机，凯伦甚至建议租一座大房子，他们两家可以和谐地住在一起，具有现代乌托邦的气派。也许是可能的 ，云看过一个类似的群体生活的电影。

三角会谈以后。

"你怎能把我们的关系告诉你的妻子呢？这下你甭想安宁了。"

"哎，前天夜里凯伦和我发誓相互要真诚，不隐瞒任何事情，我就把我们之间的关系告诉了她。"

凯伦不停地给云打电话，讲述她对普鲁斯从青梅竹马到现在的深厚感情。云很理解她，安慰她说自己绝没有把普鲁斯夺走的意思，并主动保证以后不再和普鲁姆做爱了。

一连数日，云避免和普鲁斯单独到任何地方去。一天下午，云一个人在办公室里苦读，可背痛得又读不进去。恰好这时，普鲁斯来了，建议她去洗个矿泉澡。云见过一张矿泉澡的广告，上面印有一个装满男女青年的大圆池子。云以为准和中国的室外温泉之类差不多，便随他去了。谁知道矿泉和她想像的完全不同，是一个大盆似的池子装在单独的房间里。他俩看见晶莹的蓝水，旋转着的白色细浪花，忘掉了一切，像鱼似地跳进盆里。

太令人放松了，云背上的痛不翼而飞。可是那天晚上凯伦打来了电话，"你能相信吗？普鲁斯今天在市矿泉旅馆和一个叫薇莲的女人做了爱。我碰巧有个朋友在那里工作，她打电话告诉了我，我连忙过去，在他们的那个房间里发现了一个避孕套。"云猜出凯伦在跟踪监视她和普鲁斯。

"我就是那个女人。"云挂断了电话。凯伦不许普鲁斯在家住了。他第二天翻窗子进去，把自己的衣服铺盖偷运出来，去租了个房间。普鲁斯看起来格外兴奋，这下他可解放了，自由得好像刚落地的娃娃。他马上邀请云去参观他的自由天地。那是一栋新房子，由于地点偏僻，租金非常便宜。房内的其他租客都是些游手好闲的流浪汉，别看他们四肢不勤，却是在寻找生活的真谛或根本，他们个个都像是业余艺术家和吃素的圣人。在他们的感染下，普鲁斯也开始节食，只吃米饭和青菜。他失去了一些体重，更显高了。云过去时，他亲手为云做饭。

"你真想和我结婚吗？"

"不知道，你也许比凯伦更加专横。"

"可叫你说对了。"

几天以后，凯伦又给云打了个电话。

"你敢相信吗？我女儿在比萨店看见普鲁斯抱着杰可琳。我敢肯定他们也有那种关系。"

"哦，谁叫你放他走的。"云幽默地说。

可无论如何，这个消息使云对普鲁斯的看法急剧下降。她见到普鲁斯便质问他，是不是真的。是真的。

"我女儿大骂我屁眼，她哪里会理解我想接触各种女人的渴望。接触的女人越多我感到对你爱得越强烈，和杰可琳作爱的时候，我告诉她我对你爱得有多么深。"

“那么，再见吧。”云抓过一枝笔，在她准备送给普鲁斯的生日卡上涂上了黑墨。

永别了
　　一个短命的过去
　　　　从你的深夜
　　　　　　冰窟窿里
　　　　　　　　四散着黑暗

## 十八

你觉得一个理论好，是因为你不是它的牺牲品。 当真的考验临头时，云同凯伦一样不能分享性爱。

第二天普鲁斯从云身边走过时，云拒绝和他讲话 。

回到家里，云的丈夫终因普鲁斯的插入决定和云离婚了。听起来好像是一种危机，可云却无所谓。她和龙一起到县政府填写离婚文件，美国法律规定三个月以后，双方才可以正式递离婚书。云坐飞机到芝加哥开会去了。回来时，龙竟求她不要递离婚书了，他对自己不能像普鲁斯那样使云感到幸福而抱歉，甚至示意她仍旧可以和普鲁斯来往， 只要不离婚， 一切都可以。他真诚地说，“作为一个人，我应该对他人宽宏大量才对。”更令人吃惊的是凯伦也打来电话乞求云和普鲁斯和好，哪怕发生关系她也不在乎了，因为她爱普鲁斯，不忍心看他痛苦。

云觉得龙和凯伦真它妈的荒唐， 不过她也为他们俩对所爱的人的无私关心所打动。云和普鲁斯又合到一起后，普鲁斯把凯伦和杰可琳全忘到了脑后。凯伦原先在教会里拒绝和杰可琳说话，现在她们俩和解了。杰可琳在普鲁斯的画面里消逝了，然而凯伦作为妻子是无法自逝的 。

云不再和普鲁斯发生性关系了， 他们每天夜晚抽个时间在校园里散步聊天。普鲁斯在写一本科幻小说，深卷了进去。

又两个星期过去了。 星期六，云正在办公室里准备博士毕业考试，凯伦进来了。我的妈呀，她至少掉了三十磅体重，她的脸窄了一英寸，眼睛由于流泪过度像烧焦了似的。

云不由地感到一种深切的同情 。

“凯伦，告诉我，怎么回事？”

凯伦诉说她对普鲁斯的爱，她忍受不了和他分离，哪怕仅是感情上的一时分离。她的眼泪无声地涌出、落下，云完全理解她。

“我不想把普鲁斯从你手中夺去，我不希望和他结婚。凯伦，一个女人必须要有自我中心。如果他不能像你爱他那样爱你，你不值得为他而痛苦。你为什么不伸向其他男士呢？

你看不出来普鲁斯比以前好多了吗？ 他戒了酒和烟，他日夜忙于写作。事实上，这些日子里我们除了文学以外，极少谈及任何话题。”

凯伦擦干了眼泪，说她准备申请读教育硕士学位。

凯伦开始和普鲁斯一起到学校， 他为她修改作文和大学申请书，就像他曾经帮助过云那样，凯伦露出了笑脸。

## 十九

云十六个小时的博士考试结束后，普鲁斯请她去他朋友的公寓里看录像《洛丽塔》轻松轻松，云去了。原来他的朋友上华盛顿去玩了，留下了把钥匙。在床上看电影时，普鲁斯吻起她的颈项和肩膀，慢慢地云在大海的情涛下软瘫下去。忽然，普鲁斯像只猫钻进云盖着的被单下，吻她，云几乎要歇斯底里了，求他快停下，但是他却愈加急切地往里钻。 云尖叫一声，半死过去，也许这就是性亢奋，她一生中唯一的一次。

云精疲力竭了，一声不吭地离普鲁斯而去。平生第一次，她感到一种垂死前拼命抓住某人或某个东西的欲望。

一片绿树叶<br>
　　飘在公海上<br>
　　她多么渴望能抓住什么

抓住一片木屑
抓住船缆
她知道自己的独立
在孤自漂流中
才能够呼吸
然而，在转黄变棕再变苍的
死亡中消逝之前
她有这么一种抓的欲望

他们俩又一次见面时，普鲁斯为自己的兽行为向云抱歉。云说她喜欢那次那样。他紧紧地抱住她，嘴里念着爱字，浑身战栗得像只小动物，一种无法形容的悲剧激情。普鲁斯不是诗人，活得却像是一首诗，云拼命地抓住他，好像一诗景在褪去。

二十个
手指甲深挖进
我们扭抱在一起的躯干
那躯干在融化
在变成完美的两性合体
你闻着是我
我尝着是你
再也没有她，再也没有他
刹时间，屠夫般的语言将我们
劈开
在血淋淋的两半体间
形成了一种天堑
时空
亦
无法弥补

"我接受了在杜克大学任教一学期的工作。"
听到云的好消息，普鲁斯像是被判了死刑。

## 二十

他们一起去吃最后一顿晚餐 。不，算不得晚餐，不过是一种介于早与中的混合餐，是在艾尔比店吃的。

“我对生活有一个小小的追求 。”

“什么追求？”

“一个人往往是另一个人的补充，我的梦中人是一位理想的阅稿人，如果他为我看两个小时的稿件，我将会为他做两个小时他不喜欢做或者不能够做的事情。”

“你的追求不高。”

“也不低。我们一起学习、研究、谈论。有钱的话，一同去逛巴黎罗马，没钱的话，我们仍旧可以在野林里漫步或在庭院内踱步。高兴时我们跳跃得像小精灵，悲伤时我们会相互紧抱着，像心碎母亲怀抱里嚎哭的小娃娃……”

从艾尔比店出来,他们乘普鲁斯刚买的小汽车到了一个僻静的地方。站在摇摇欲坠的旧木桥上，云能闻到普鲁斯身上的酒味，他在抽烟。

“嗳，普鲁斯——”

“什么？”

“我今天只有一个目的，就是要和你做爱。生活对我这么不公平，我想占有你，就像那些胆敢把男人当作性玩具的女人一样。”

“我真不该把那辆大汽车卖了。”云和普鲁斯曾在那辆大车里做过爱。

“这是我第一次说出我对男性肉体的欲望，是不是？”

“是啊，你一定是性饥饿到了极点。”

“不，这只是我另一种心情的暴露。我有一种向全人类宣告我下流欲望的强烈愿望。”

“我喜欢你，就是因为在许多方面你都像个男人，跟你在一起，同跟我哥儿们一样自在。”

“算了，今晚我可以把对你的欲望转嫁到龙身上去。”

“别，别那样，我好不容易才激起了你的欲望。我们今晚到一家汽车旅馆去吧？”

云既没说去也没说不去，她在重温刚才踩着死树叶散步时的心情。

假如女人的感情非挂在某处
那么让我的去替云彩镶银边
当我从男人的酒气中分离出来
　　走出他的烟雾
啊，太阳照得真明亮
　　轻抚我的心
　　撩我忽闪着的眼睛
我的视野，像电光或磁波
　　越出有限的地平线

普鲁斯一边开车一边问云中国有没有雨带森林，云心不在焉地答着，似乎还在梦想。

"你笑什么？是不是为'处女'二字？"

"什么？"

"你刚才说中国还有一些未开伐的处女森林。"

"我说了吗？中文叫作原始森林。"

"我晚上八点在办公室里。"

云知道她不会去的。

## 二十一

云从杜克大学乘飞机返回匹兹堡进行论文答辨。答辩完毕后，她邀普鲁斯和凯伦一起到北京园吃饭，三个老朋友说说笑笑很开心。细心的云观察到普鲁斯心中好像有什么事，当他开车送云到机场时，她又注意到他身上沾满了泥巴和带刺的野草籽，像个老农民。

"你怎么变成了这样子？"

"我这两天忙着在树林里干活呢。"

"干什么活？"

"春天我在那里撒了些大麻籽，没想到获了个大丰收。"

“大麻，是不是一种蔬菜？”

“不是，是含量最少的一种毒品。”

“毒品？那是非法的，是不是？”

“是的， 许多年前美国法律就禁种了。 不过，不要大惊小怪。 我知道有几位教授还吸这玩意儿， 少用一点儿并没有害处，反而会刺激创作想像力。”

“你不是在谈爱伦坡吧？告诉我，你为什么要这样做？”云感觉受到他非法行为的威胁。

“你知道，美国梦。在这个世界上，毒品的价值超过了黄金，一小口袋就可以使你致富。”

“我不愿以非法的手段来发家致富。”

“即使我不种，人们照样从国外走私过来，对吸毒成瘾的人来说没什么两样。”

“无论如何？我不愿看见你不等富起来便让警察抓去。”

“别担心，我只计划种两年。那时我会有一笔勉强能偷生的钱，那时我便要像卢梭一样钻进林中小屋，闭门静读，写小说、剧本……”

“一种高尚的打算，一种犯罪的行为。”

“你怎么能把春季教学的工作给辞掉了呢？你辞前同凯伦商量过没有？”

“商量过。别以为我很愚蠢，辞掉工作完全是因为我写论文的时间不够用，再说春天又是播种的季节。”

“我希望你能悬崖勒马，那种冒险是不值得的。”

五天以后云收到了一封普鲁斯的来信，信上说他已经完成了秋收，要安下心阅读和写作了。另外，他已决定不在森林里再种任何东西了。

第二天夜晚，凯伦来了电话。

“你听说普鲁斯被捕了吗？”

“被捕？怎么回事？”

“还不是为了 pops。”

“什么 pops？他是否开车时喝的啤酒太多？”也许每一个人都有保护自己的本能。

“不，pops 是一种毒品。”

“他又吸毒了。”

“不，他在树林里种了些大麻。”

“这事你知道吗？”

“我怎么会知道。”

“听到这件事我很难过，我下个月回到匹兹堡就去监狱里看他。”

云一回到匹兹堡，就马上给凯伦打电话，了解到普鲁斯已经由学生和教师中的朋友们集资保释出狱了。普鲁斯是一个公认的好人，凯伦说他现在变得更好了，她去探狱时，普鲁斯向她忏悔了过去的一切罪过。 云能想像出， 那便是他最后的审判日，凯伦像上帝一样宽恕了他，对他爱得更深了。

第二天，普鲁斯来见云，他比以前瘦多了，面孔苍白、平静，好像他身上的每一个细胞都洗涤过了。他们开车到森林里的一个小溪旁，他缓踱着步，滔滔不绝地谈他最近读过的书籍，弗洛伊德、荣格、卡夫卡，他还说他对女权主义特别感兴趣。

“你打算以后怎样生活呢？”

“没有任何打算。我对这个世界已经厌倦了，我只想呆在家里读书，当然我也给全家做饭。”

“那么，全家靠凯伦一人养活了？”

“是的，不过她很高兴。她与其让我在外边胡来，不如把我守在家里。”

普鲁斯被高尚化了，同时也被传统式地女人化了。

## 二十二

不久，云带全家搬到洛杉矶去了。现在已进入了她在南加大任教的第二年，她把普鲁斯和凯伦库存在记忆里，有时把他们的资料抽出来以审视自己。云知道她宁愿死也不会从另一女人手中夺男人的，她对女人的同情和友爱往往超过了对男人的。

一天，云收到了封普鲁斯的来信。他已经和凯伦分手了，因为凯伦脾气越来越坏，动不动就发火，一进家门就看电视，不理睬他，好像他不存在似的。普鲁斯以替匹兹堡大学的学生们修改作文为生，过得很清苦，不过他精神上很愉快。他发现自己在电影剧本创作方面有才华，希望能到洛杉矶认识一下电影界的名人。云看出他是在梦幻，没有什么名人会看他一眼，他寄到加州大学参加比赛的电影剧本，说不定早进了字纸篓。不过，这种境况下，是不能用现实来伤害弱者的。云马上给他回了信，鼓励他坚持写下去，不要管什名人不名人或比赛结果，写作本身是最好的自我探索。

一个月以后，普鲁斯半夜给云打了个电话，说他觉得在匹兹堡前途无望，想到洛杉矶来找她。云还真有点动心，因为当时她正急着找一位土生土长的美国人给她看书稿，而且她同龙的关系也坏到了极点。一天龙切菜时云不知说了句什么，龙猛吼一声，举起了手中的大切菜刀。那天云在加州工学院有个约会，再说她是个开车的新手， 加州工学院也是个陌生的地方。 走时，龙却追到门口，咬着牙说："愿你今天死在车轮下。"

云开上高速公路时，浑身颤抖得握不好方向盘，她拼命地掐自己的大腿，直到感到疼痛，血珠渗出，她才平静下来，安全地到达了目的地。 无论如何， 趁普鲁斯和凯伦目前的危急来解救自己， 是不道德的。 凯伦在任何环境下都不会放弃对普鲁斯的爱，而普鲁斯对凯伦的爱超过了他的理性否认。想透了以后，云给普鲁斯写了最后一封信。

亲爱的布鲁斯：

这是我第一次听到你说对生活绝望了。当你把眼睛转到不同的方向时，你会看见新的希望的。自从你犯罪以后，你便成了一个懦夫，藏在厨房里或者用夸夸其谈的理论掩盖自己内心的空虚。你总埋怨凯伦的不是，希望她能像我那样成为一个有头脑的女权主义者。 可是你想过吗？她就是你身边的女权主义者。被你第一次抛弃后，她自食其力并养育大了你们的两个孩子；第二次你离开后，她又自己找到了份全职工作，工资也高多了。这些都是你告诉我的，对吧？ 当她对你发怒或阴着脸看电视的时候，她是在抗议你的懦弱。一个男人永远也不能丢掉男子汉的气概，一个女人不会对一个呆在家里的天使满意的。

请你和凯伦好好谈一下。我爱你，也同样爱凯伦，不过对她，多添了份敬意。还记得那年夏天，她为了爱你变得多么消瘦吗？她从没有放弃过自己从孩提时便爱上的男人。

回到她身边，勇敢地面对生活吧。我祝愿你们这个世界上最大的幸福。

我和龙的关系近来也有了改善。我们经济上分开了，使他在家里享有独立地位和责任感。是的，我仍在痛苦中挣扎，如果这是我家庭暴政的苦果，我必须改变它或承受它。

你真挚的朋友，

云

大约十天后云从学校回到家，玫告诉她凯伦打来电话了。

"你怎么知道是凯伦？她留下姓名和电话号码了吗？"

"我当然能听出来，在匹兹堡时她整天给我们家打电话，像个疯女人。她说她想跟你说话，不过没留回电号码。也许晚点儿，她会再打来。"

云知道她不会再打来了。云既不期待感谢，也不希望受责备。普鲁斯和凯伦肯定又合到一起了。没有人能保证他们不再分手，不过云应该永远从他们的生活中消逝了。也许凯伦是对的，云只不过喜欢引逗人，她太自我为中心了，太道德了，太习惯于自我解剖了。在真实生活中她不会再跟任何人结婚，她非把自己婚姻的牢底坐穿。

**上帝的惩罚**

在夫妻的冰窖里
　　我内心的千里驹
　　　　被凝冻成
　　　　　　墙上的浮雕

# 第四章　寻知音

在泪水和痛苦中碾转数周之后，我终于扼杀了体内的性爱，着手写这本滑稽不堪的小书。真的，我毫无创作天才。有时候，我站到一边以一位冷酷的旁观者审视自我；但更多的时候，我只好把凌乱的日记随意甩进去。

那天罗茫的初次谈话拨动了云的心弦。 云常宣称自己是一位活着的十九世纪浪漫诗人，世上只有强烈的感情可以震撼她。很幸运，没有出车祸。不过她那辆新车的左臂却被家门口的石墩刮掉了块儿亮漆。一种罕见的激情使她瘫痪在床上，蜷曲着像只颤抖的小猫。她无声地呼唤着："罗茫，罗茫——"， 以她的渴望和深情去创造罗切斯特对简爱呼唤时那种心灵感应。性在她那长期冬眠的躯体内开始复活了，她感到乳房在膨胀，从下肢的红色深谷里射出一股电流，扩散到她的指尖。除了自我做爱，没有任何办法可以使她情感的极强度松弛下来。

平静以后，她迈出自己，打开脑海中的录像，任她刚才的行为一幕幕重演。她陷入了沉思：在男人与女人接触中，性敏感始终存在着，高似烈焰，低如余烬。可不可能将异性对方视为无性之体呢？

她从床上坐起来，重温一遍她在男女关系上形成的一些俗见：男人容易被异性的外貌所吸引；而女人呢，异性的灵魂和智力更具有魅力。男人希望女人能像慈母般的贤惠，并具有生育力。

至于一个女人的智力愚蠢不愚蠢又有什么关系呢？可是，女人极少能对仅会模范持家的丈夫感到满意。

不错，云和她丈夫的性角色互换了，早在结婚以前就掉了个。里里外外，她是总统、大使、立法人；而他呢，买菜，做饭，擦擦洗洗，把家务几乎全包了。假如她真的是一个男人，她也该对平庸的幸福家庭生活满足了。然而，她无时无刻不在痛苦的煎熬中。人与人之间精神与智力的交流远比一日三餐和舒适的床铺重要，她那从没为丈夫而激起的情，在一种无窗的生活中日趋麻木。

若有人能分享我心灵的音乐，
生活哪里还会有美中不足？
高大加高尚
汇成了一幅俊美的肖像，
想望及他的顶峰，
我不能不连连倒退。

对，我准是爱上了他，
深得我有言作哑，
明智得我不愿吐诉，
清白的握手只能传这么多情——
这么少意。

罗芒是墨裔美国人，有一位土生土长的墨西哥妻子和两个大男孩。云跟他相遇的那天晚上，正好是一九九二年四月二十九号洛杉矶骚乱的第一天，许多建筑物被烧毁，无数人在流血，蔓生的洛杉矶——天使之地——在分裂崩溃。可怕吗？的确可怕。我的心在为这个国家呻吟，美国一定要从种族歧视的窟穴里把自己解放出来，所有的人都应该以做人的标准而不是肤色来衡定高低优劣。当然洛杉矶暴乱也并非皮肤之浅。肤色掩盖着政治权利与人的尊严之间，以及金钱与贫困之间的激烈争斗。

云咀嚼着他冷峻的见解。对， 这不止是黑人与白人，而且也牵扯进黑人与黄种人的争斗，几个中国人误当成韩国人被杀害了。 人们渐渐明白地看出一种恶性循环： 昨天黑人与白人斗，今天黑人与黄种人斗，明天也许会是棕色人与黄种人斗，或肤色深浅程度不等的黄种人内讧。云为自己的种族感到内疚，她听丈夫龙说，在中国人开的店里，墨西哥雇员干的活最脏最重而拿的工资最低。反过来，在其他种族人开的店里中国人亦受到不平等的待遇。

云回想起一天晚上，她和女儿玫一起在操场散步，碰见了玫的同班同学艾里克。艾里克是家里的小幺，别看他父母生了八个孩子，看起来仍很年轻，听说附近的墨裔人家家都有四至八个孩子。云顺口说孩子多会影响生活水平，艾里克的父亲一听大笑起来，“多生多育是我们的政治策略。几年前这里的墨裔人正儿八经地提出要用我们的自然繁殖力夺回加利福尼亚。你看，我们不已经快成为洛杉矶最大的种族了吗？”云猛地意识到数量并不是那么重要，重要的是人的素质。要改变社会地位，每一个种族都需要大批罗芒这样的人，他刻苦奋斗获得了耶鲁大学博士学位，却从来没有忘记自己的根。

电视里火焰熊熊的大楼和血腥的拼杀更加强化了云对罗芒的爱。 一会儿， 她朦朦胧胧地看到自己同罗芒一起去访问中国。武汉大学的领导拒绝举行宴会，不愿意以对待其他美国学者的等级来接待他。云明白，他们的刁难无非是因为罗芒是墨裔美国人。云又带他去见自己的母亲和兄弟姐妹，可他们也显得很冷冰，全因为罗芒毫不掩饰自己纯正的墨西哥根。假如云跟鲍布一起回来，尽管鲍布比她去世的父亲还要年迈，亲戚朋友们仍能仰视他那安格鲁萨克逊的神气。假如云带着驼背的菲利普一起回来，他们也会觉得可以接受，因为菲利普的爱尔兰血统已经掩盖了老祖母印第血统的痕迹。罗芒与云几乎同岁，英俊矫健，然而她却恨不得把他藏进自己的手提包里。尽管如此，她仍听到左邻右舍的叽喳声：什么？墨西哥人？墨西哥在哪儿？噢，知道了，在非洲。

又一会儿，普鲁斯和凯伦仿佛出现在云的面前。 他们都劝告云不要再搅乱另一对已婚夫妇的正常生活——妻子、孩子、家庭是神圣的。

**不！我不想和任何人结婚。我不想从任女人的手中将他夺去，我不想破坏任何家庭和个人生活。然而人的灵魂，没有肤色也没有种族之分，是属于整个宇宙的。**

回旋于山巅， 徘徊在不息的海面，灵魂，一颗浸透爱的灵魂，在谱写心曲—— 一支不完整的孤哀心曲。它在从另一灵魂里寻找共振的音符，寻找心犀。

强度的思恋从云心里拧出大把大把的泪水， 那颗无法被明智的绝望所阻止的心探到了爱的谷底。

形像言语竟能产生出如此强大的征服力。风责问云，“为爱着了魔的女人啊，你的自我中心在哪里？”

她的心面对着浩瀚漆黑的大海哭嚎着他的名字， 哪怕绝无可能性是无底的死海，一支红嘴孤鸟随着一声撕心扯肺的鸣叫，将衔着的木石投了下去。

山劝阻云，“被爱网住的女人啊，你的自我中心在哪里？”

“罗——芒，罗芒…… ，精卫……，精——卫——……”

对异性的呼唤渐渐地变成了自我呼唤。《山海经》中说那只鸟叫精卫，她每投下一片木石便呼唤自己的名字。

泪水干了，云开始工作。

> 文字只不过是露出海面的冰峰，
> 怎能传递那隐在下面的语意？
> 那张封冻脸上的平静
> 定藏着冰心内痉挛的火焰。
> 冰峰，同大地一样，包着火山。

**五月十五日**

爱不是性交或婚姻，而是一种感情的极强度—— 一种令人肢解、瘫痪，甚至自尽的疯狂力。我相信诗人西尔维亚 • 普拉斯是被这种爱的极强度杀死的。一种与此平行的创作极强度屡使弗吉尼亚 • 伍尔夫的神经分裂。

极强度是一种天赐，也是蜂王的最后一蜇。

我的心是一株肆意生长的野树
无法修剪自己
我的神经裂向四面八方
在意志失去处留下了个空穴
我在想他
不是他，而是他的话
一个人必须以高于自我的目标
　　　　去开动生命的远洋轮
而我
政治理想，幻灭了
爱，一挫再挫
除了致命的厌倦
　无聊……
　　一无所有

拂晓，云从恋梦中醒来，泪水滑出眼眶为她洗了把脸。为了排除对罗芒的苦想，她下床淋了个浴，然后在晨光中慢跑。回来后，她写了一首欢快无私情的小诗。

晨
雄鸡高歌红日生
意满怀
诗情踏露来

晨
百花仰首鲜气吮
浴后新
天姿蔑红尘

晨
群鸟争鸣议纷纭
真民主

莫过自然门

玫起来了。

“妈，你在做什么？”

“嗯，我刚写了一首十六字令，你看。你以‘暮’为题也模仿着填一首吧。”

玫一会儿仰目冥思，一会儿低头写擦，吭哧了半天。当她把诗拿给云看时，云吃惊不小，女儿竟把她竭力压抑的情绪抒发了出来。

暮
晚阳霞红顺西散
天昏紫
如彩虹水染

暮
风吹叶摆搜心凉
迎面扑
欲堵人思量

暮
心事嘈嘈向谁诉？
脚步沉
蹒跚云头处

**五月十六日**

没料到我会在十二岁的女儿面前为自己的婚姻失声痛哭。她陪我一起哭，鼓励我同她的父亲离婚。她说这次我下决心要离婚的话，她会做我的后盾。如果没有勇气面对现实，我这一生绝不会有幸福的机遇。这真是一大反讽，一个未成年的女孩子会比我对生活看得还透。我想起她对“喜欢”与“爱”发的一番言论：假如你仅喜欢一个人，不喜欢的时候，你可以甩手离去；假如你爱一个人，即使你不喜欢他了，你也想同他呆在一起。我既不喜欢也不爱我的丈夫，命运却偏把我们拴在一起，让我们分享生活的悲剧。

这些天，除了做饭，云不得不承担起所有的家务，缴纳地产税、电费、水费、垃圾费，辅导玫学中文，到玫的学校开家长会，送龙去医院体检，把车送到修车铺，捅下水道，剪前院的花，割后院的草，找人修屋顶，催房客交月租，连拉窗帘关窗帘也得自己动手。哎，我多么希望有一个人能分担我的负担。家里一切权利无论大小全是你的。当龙上厕所，发现抽水马桶被手纸堵塞了，也要大惊小怪地请云来处理。玫，如果你真的爱你的爸爸，就应该教他学英语。假如我死了，看你们俩怎么活？可是一碰英语，龙不是生病就是失眠。好啦，好啦，别逼他学了。

龙是一个文弱书生，并不是穿蓝领的命。然而现在他不得不每天在饭馆的油锅边熬上八九个小时。下班回到家里他累得像只疲惫的狗，脸色阴沉得活似暴雨前的天空，云捏着手心不去冒犯他。他在看电视，却不是英语节目。或许他真的需要温习温习中文，一年到头不说话，他似乎在忘却自己的母语。

星期四是龙的休息日，云却得清晨五点钟爬起来，赶到洛杉矶移民局去拿申请绿卡的表格。龙不会说英语，理所当然该睡个饱觉。查了下钱包，云只找到一张 50 美元的钞票，她需要点儿停车用的零钱，但不愿叫醒龙，便开车去找家铺子换零钱。太早了，商店都还没有开门。她终于找到了一家快餐店，收银员却说，“对不起，我们还没挣到 20 美元呢。没见我们刚开门？”当云要绝望时，一位墨西哥老人朝她挥挥手，云走过去，他掏出了张 5 美元的票子，“明天或任何时候路过这儿还我都行。”在座的伙计们都哄笑起来，“老傻瓜，你白给她 5 美元？”

云疾驶在高速公路上，她心中对墨西哥的爱远超过了金钱的价值，她想起了罗芒对他父亲的尊敬和爱戴。不幸，他父亲正躺在医院里接受截肢手术。什么病？糖尿病。不是一种致命的疾病吧？不是，不过他去医治得太晚了。明白了，他准是把自己的心和时间全用在照顾别人了。

儿子与父亲的高尚和大度相互辉映，罗芒愿在百忙中为云看书稿真令她感激涕零，她想起了孟浩，孟浩曾为她看过一篇中文译稿，结果发表的时候，俩人为谁的名字摆在前面弄得不大愉快。普鲁斯还可以，可是他为云看文章大多是被爱和性欲所驱使，再说，他也不会拒绝所得的报酬。罗芒却大不相同，他说他之所以帮助她是因为今天的学术界变得太自私封闭了。罗芒纯洁的出发点像吸铁石一样逮住了云的心，尽管她总摆脱不了他那严父般的形象。

**五月十七日**

我爱罗芒，任凭他以居高临下恩赐的态度对待我。我不需要他慈父般的保护，然而我却爱他爱得不能自己。他的高尚、慷慨和睿智是我所爱的最宝贵的人类品质，可是我却无法向他表示我对他的恋意。

**一九六八年　　说不出口**

——梅琳住医院了。

——什么病？她眼看着一天天消瘦下去。

——相思病，还不是为了张伟。

——张伟知道吗？

——昨天才知道，他很感动，赶到医院去看他。但梅琳的妈母亲不让他们见面。

**一九七五年　苦瓜**

有多少个夜晚我默念着他的名字
有多少次我凝望着他的背影无声落泪
我从心中拉出爱的绒线为他手织了一双袜子和一件毛衣

在舞台上我和姜伟双手紧握过一次——他演军队指导员，我演革命英雄刘胡兰，落幕的时候我变成了一尊大理石烈士雕像。谣言四起，哪怕我们从未私下谈过话，从未交换过一缕秋波。

一天，姜伟给我一张他本人的近照，让我带回去让父母看一下。我收下照片，日夜翻看，却不让他人瞧一眼。爱或婚姻是我自己的事，为什么要征得父母亲的同意？ 毕业那天，姜伟说我们俩无法生活在一起，因为我是一个的缺乏感情的人，活像一台机器。

我眼睛干涩得像裹了粒沙子，我简单地说了声再见。

我回到家乡母亲的身边，眼眶决了堤，无声的泪水不分昼夜地往外涌。

母亲在切菜。

“云，试试这条脆黄瓜。”

我咬一口，苦的。

“女人的命运是苦瓜。” 母亲深有体会地说。

被动的花草树木啊
默默地生
默默地死
在欲望的匮乏中
枯萎
干瘪
却毫无怨言

不会移动的花草树木啊
被植在冰冷的阴影里
永远也无法迈进阳光的区域
哪怕她们的叶冠之心
无声地挣扎着伸向那远方的天炉

花草树木是否知道个体、自我生存的意义？
她们自生自长的野果曾经多子
现在却成了无核葡萄
无籽西瓜

失去原有的繁殖力
她们却更加圆滚鲜嫩

她们将美筑造在自我毁灭之上

花草树木啊
你们竟如此的无能！
你们具有顽强的生存力
却无法自除身上那多余的花叶枝条

难道原始森林中的花草树木
也需要自我修剪吗？

你们可以借暴风雨的力量哭嚎
你们可以在清晨的微风中欢拍小手
然而，当在阳光灿烂的日子里
痛遭截肢之灾时
你们却忍受着，毫不呻吟

花草树木啊
谁说你们是女性？

**五月十八日**

上星期二，罗芒突如其来地出现在我的办公室里，高大健美，如同太阳神阿波罗，以他四射的光芒笼罩起我。他口说是带卡特来见我的，但我知道他的真实的目的是想来看我。他不能自制地凝视着我，然后又理智地强迫自己转移视线。临走时，我同他们两人一 一握手。握手——这种传情的方式只有我和罗芒可以会心。（第一次见面分别时，罗芒同云握了手；第二次，当他拉着云的手时，云天真地问，“握手倒底是美国还是中国的风俗？”他顽皮无饰地笑着说，“我就喜欢握你的手。”说着，他紧握了一下，云忙把手抽回来说，“太好了，我的手夏天总是凉悠悠的。”从那以后，握手成了他们约定俗成的一种礼仪，只有握手这唯一的肉体接触不会使他们清白的良心受到自责。今天，她急切地握起他的手，当然也顺便握了卡特的手。）我喜欢触摸他的手，享受一种心灵的交流。交流即是情，即是爱，一种不可说破的爱。

他走后，我的女同事说，“你今天穿这条裙子显得真漂亮。”我低头看自己，却什么也没看见。

云买了一座五间卧室的大房子，按抵押贷款者的话来说，当然是为银行买的。买了房子，第一件事情就是找房客。来自人口众多的中国，云自然为三口人占五间卧室的大房子感到不安，再说，她也需要房客的租金来补贴按月交付的贷款。由于她的房子座落在墨裔区，房客大多是墨西哥人。今天，她的房客彼德罗宣告自己破产了，无力交付他欠下的 50 美元电话费。“那么，您的电话将被切断。”彼德罗一听勃然大怒，大骂云是“种族主义分子”，“亚裔吝啬鬼”，“偷走我们工作的黄恶棍”，“你认为我们墨西哥人都是谎话篓子……”

云惊奇得摸不着头脑，怎么回事儿？彼德罗搬进来的头一个夜晚说他没枕头，云慷慨地把自己刚买的新枕头送给了他。彼德罗说他在奥斯汀的母亲需要他抚养，云就免去了他应付的租房保金。

“请搬出去，我不能容忍你的种族主义言论。”平生头一次，云将“种族主义”用在一位个人的身上。趁云不在之机，彼德罗把钥匙扔给她女儿，跑走了。几天以后，邮箱里出现了婴儿食品券，还有诸如《美国婴儿》和《美国头胎父母》之类的杂志。云忽然想起了彼德罗那位体态沉重的女朋友。哎，他怎么不跟我说实话呢？要不，我可以帮他的忙，何止五十元。云又想起彼德罗搬进来不到三天，在公共汽车上被人打了。很可能他是付不起房租或电话费从前房东那里逃出来的。彼德罗给云讲了不少瞎编的理由，不过他绝不是一个天生的谎言者。贫穷迫使他每天工作九个小时，可他一日三餐总吃花生酱三明治。他有一位年迈的母亲，他需要女朋友，他喜欢现代音乐，他收集各式 T 恤衫，他的确具有做一名男子汉的权利，但很难保持一个男人的尊严。对罗芒的爱正把云重铸为一个同情地位低下者的新人，在中国时，有一次她无情地把替她看孩子的保姆撵了出去，连张火车票都不给买。

这个星期一，云和罗芒之间的感情得到了理性的控制。他们一起津津有味地谈论十八世纪的文学大师们。冷静的观察下，罗芒并不那么英俊，他那微卷的头发暴露出过多的灰白点，他的英文也略带墨化西班牙口音。尽管如此，罗芒心灵间的光芒和灵魂深处之美迷住了她，她的身与心不可阻挡地向他伸延，她渴望他，不但渴望他的言语，还渴望读到他写下的每一字句。

**五月十九日**

当我们在罗芒办公室里高谈阔论的时候，我们都感到极其快慰，我们的心在各种学术题目上轻松地跳跃。离开他以后我马上感到一种无法解脱的抑郁感。我意识到人的确是天生的两面派，罗芒也许具有同感，然而，他绝不会让异性的对方明了自己的感情，感情是真心的信号，太可怕了。

**五月二十日**

我们的友谊——
一只大蛋糕
冷冻在冰箱内
吝啬地分享着

麻痛在口中逗留
思恋如冰一样悚然、刺激
多么甜蜜
多么冷静
多么残酷

星期五到了。

罗芒同意和云吃顿午餐，“好吧，你把我带到哪儿去都行。”

云早早到了办公室，午前她至少往他办公室打了十来次电话，没人接，或许他早把他们的约会忘了。

下午一点整，电话铃响了，是他。几分钟后，他来到云的办公室。云忙站起来要走，不好意思迎接他的目光。而他呢，却显得落落大方。

“早些时候我给你打了电话，可是你不在，我还以为你忘记了我们的约会了呢。”

“我没忘，我在家里。”

“在家？你不是每个星期五都到办公室工作吗？对不起，让你专程赶来吃午饭。“

“没什么，我就是专门来会你的，我喜欢你。“

“哦，谢谢。”

身穿一条从中国带来的真丝长裙，随着电动扶梯的蠕动，云飘飘洒洒像嫦娥一般从月亮里浮了出来。然而，她没有意识到她的优雅。尽管这次邀罗芒是一种报答式的请餐，云还是有点羞却，她从来没想过主动邀请什么男朋友约会，她一生都没想过。

云领他到了著名的钻石广场内的一家昂贵的中餐馆，平生第一次光临广东饮茶，她五颜六色点了一大桌子，可是罗芒对吃却不感兴趣。

“我从来不在乎自己吃什么。”

“会吃才会享受生活。”

昨天晚上，云一口气读完了罗芒获全国学术奖的专著，他评论分析的是约翰·德莱顿的诗。在饭桌上，云兴致勃勃地谈了自己的见解，胡乱也算个诗人，她不以为诗应该按照修辞逻辑来分析。不过，她挺欣赏罗芒对德赖登诗的解释，这本书充分显示出他的智能、诗敏感、和超人的遣词用字。可惜，新中国商店已经关门了，那里是大陆艺术珍品的汇集处，云选钻石广场，是特意想领罗芒到新中国商店开开眼界的。饭后，她只好把罗芒带到底层的喷泉旁聊天。他俩同坐一条石凳上，芭蕉树荫烘托出一幅极其浪漫的画面，云竟然取出一个袖珍碟片机。

“听听这张中国古典音乐选曲，你是搞古典研究的，我想你会喜欢的。”

“嗯，太美了。”

“你留下这些碟片和唱机吧，” 云拿出一个黑盒子，“阅读我的书稿让你花费了不少时间，暑假我离开以后，您可以写自己的了。”

**五月二十一日**

虽然我深深地爱上了他，但完全是出于友谊和感激我才请他吃饭，给他一点小礼物的。喷泉边我让他看了我和女儿玫上星期天写的十六字令。他虽然不懂中文，但对十六字令的明显格式很感兴趣。

罗芒那天很呆板，寡言。他愣愣地望着云，问能不能摸一下她的裙料。

“当然可以。”

“绸子的？”

“对，中国真丝。这条长裙子已经跟着我六七年了，没怎么穿过，当学生时我喜欢穿短的。

“我们走吧。”云抬头看了下表，罗芒拉过她的手腕。

“嗯，表太小，我看不出几点。”

他看了下自己的男士大表，“三点十分。”他们一起穿过黑乎乎的地下停车场。

云的车哧地一声爬上了佳威大道。

“我开车呢，你为什么不讲话？”

“对不起，我今天活泼不起来，我昨晚喝醉了。”

云一下想起了普鲁斯。他喝酒，他抽烟，他因在在树林里种罂粟被捕了。

“你喝的什么酒？”

“几杯啤酒。”

罗芒突然说，“如果这样下去，我们将会成为情人。”

“你的意思是我应该停止吗？”

“由你自己选择。”

不知道为什么，云突然变得刻薄起来。

“我当然爱你，不过我是个有节制的女人，这就是为什么我一周只和你见一次面。你很忙，我也很忙，只有那些闲着的人们才有功夫弄花折柳。”

这种突如其来的答复显然是对他的一种抵抗，他似乎把她看成了一般勾引男人的女人。如果不是出于真正的爱情，她再也不愿同任何男人发展个人关系了。

回到办公室，云泪如雨下。在雨帘下，她用中文胡乱划出了几行：

见时口吐笑，
离后眼纷雨；
爱比疼还痛，
思比想更沉。

情洁酷似霜，
自守严如狱；
不介云雨世，
恐惊谊翅飞。

这可真是个进退维谷的第22条军规，不介入性爱，女人很难跟男人结下完美的友情；介入性爱，她与他的友谊却又难以持久。

“喂，罗芒，我这儿有几张豫剧票，是我老家河南的戏剧，同西方的歌剧之类大不相同。听说布莱希特看了中国京剧后，对他实验新剧很有启发，你愿意见识一下吗？”

“什么时候？”

“二十四号晚上，这个星期天。这可是个让孩子们欣赏一下异国文化的好机会，你的妻子也会喜欢看的。”

犹豫了一会儿，“对不起，我们不能去，谢谢你的好意。”

挂了电话，云感到有点纳闷。我是不是在利用中华文化侵略他心灵的领土？他是不是在抵制我以中国性影响他的苦心？

一位墨裔学生来到办公室，说他想学习汉语，因为他的太太是中国来的，云迫不及待地送了他们两张豫剧入场券。

**五月二十四日**

我带玫一起去看豫剧《焦桂英》。

悲剧《焦桂英》演得十分感人。焦桂英是一个名妓。一天，她从雪窝中搭救了濒死的王魁 ，把他带回家。结婚时，他们在龙王面前山盟海誓，要恩爱终身白头偕老。焦桂英用自己的积蓄供王魁读书，进京赶考。可是，王魁中了状元后，便为名誉，地位， 和更加年轻美貌的女子结婚，抛弃了焦桂英。 一气之下，焦桂英在龙王庙里上吊自尽了，地狱的判官带领她的阴魂闯进状元府，杀了王魁。

一个类似秦香莲陈世美的故事，真是俗不可言。不过，焦桂英的爱却感人至深。在她杀死王魁之前，她苦苦向王魁求怜，她愿做他的偏房、女佣、或最低下的仆人，只希望能为他端茶送饭，伺候他，然而王魁仍拒不领情。一个爱恋中的女人为什么会变得如此低三下四呢？

**五月二十五日**

清晨，昏惨惨
痴人思君魂欲断
为求知己地狱游
任凭尸首碎万段

从晚上六点到十点，云不停地拨马丁教授的电话，结果发现龙记下来的电话号码是错的。来美国三年了，竟然连一到十这些简单的英文数字还没学会。无限惆怅，云吟了如下几行：

**恨夫**

茫茫旷野兮吾恨夫；
苍苍秋雨兮伴我哭。
人蠢原比丑人恶；

宰相肚里无船渡。

凌晨对镜兮我哭泣;
降雨过后兮心逐毅。
天不顺妇夫何忍?
龙云分飞各得益。

那天晚上，云给鲍布也打了个电话，同样令人扫兴。

人衰老了
风烛之年
黄金已蜕成了朽木
仍
架子凌人
可钦可笑可怒

鲍布有一次问云,在她的心目中他是一位杰出的学者还是一具躯体？云说，躯体。谁在乎那十九本书的作者，如果我不认识你？很可惜，鲍布曲解了她的真正含义。每次通电话，他三句不离她的秀体。被肉体占领心间的人迟早会毁掉自己的灵与体的。

“玫，这个家伙很烫， 千万不要碰。”

云一边拔电烙铁，一边叮嘱她的小女孩儿。

玫已经过了四岁生日，在幼儿园里仍不断地尿湿裤子。

冬季午睡两小时，大人嫌太短，而孩子们却觉得像忍受恶梦一样漫长。圈在一张四尺长的小床上，幼儿园的玫不敢随意翻身，更不用说上厕所了。这种屡受压抑的心理使玫变成了终生怕午休的机灵人，只要一提让她午休，她就会吓得尿裤子。幸亏她到了美国，再也不用睡午觉了。

“妈妈，为什么呢？”玫真好奇，孩子们也太好奇了。

“为什么？因为电使烙铁发热了。”

“那它为什么不像火一样红呢？”玫不相信。

那天晚上，玫不让妈妈洗她的右手。

“天哪！看烫成了这样。”云一把将玫的小黑爪从背后揪了过来。

现在，玫已经快十三岁了，她喜欢数学、几何，化学及各门科学课程。虽然，云在初中数学竞赛中曾获过第一名，她早同科学告别了，随着年龄的增长，她变得越来越感情脆弱。二十多年前看电影《白毛女》时，她身后那位男老师的泪下雨般地落在她肩头上，她也不过耸耸肩甩掉鼻子里的酸劲。现在，人世间任何一点儿恩惠，一丝好意，一星儿帮助，都会像纤指触及害羞草那样触动她的心。什么理性，什么逻辑，什么科学，都无法再占领她那感性十足的躯体。

云的牙齿长得同她北方人父亲的一样，大而不齐，护着门牙两旁的两颗尖的是众所周知的虎牙。她家里人都知道，云的牙齿虽不大好看却十分受用的。龙不能嚼烤硬的牛排，玫不喜欢啃青苹果，可是云什么都咬得动。一天晚上，她打电话回家说她饿极了，可是工作很多还不能马上回去。玫开玩笑说，“妈妈，你为什么不啃你的办公桌呢？”

“当然可以啦，如果我的桌子不是塑料和铁制成的。”

星期六，云和玫一起去逛商店，一种新产品闯进了她俩的眼帘。

“瞧，妈妈，你一定得买这种天然洁牙剂，把你的虎牙漂白后，你会看起来更年轻。”云知道女儿又想拿她做科学实验，不过，她还是被说服了。

云使用了三天，骗人的假货！哪里有什么氧化过程中的悦耳泡泡声，这些日子出的新产品全是骗人的。“妈，这可不对，不要瞎说嘛。看看说明吧，那上面说有的牙齿用 60 天后才会变白。你的牙齿当然是美国最顽固的了。”

说明书说每次涂一薄层，云可没那个耐性。一天，她涂得厚厚的，有一星儿竟掉到了下唇上。霎时，她听到一种嘶嘶声，好象是蚂蚁国的一位工程师在她的嘴唇上打钻井。这嘶嘶声的确悦耳，有刺激性，因为它是在肉内燃烧，骨头是没有感觉的。

**五月二十六日**

罗芒送给了我一本他的书，朱红色的封面显得格外庄重，里面还夹着手写的长信。信中的言语以它那高尚的手指拨动着我心灵的琴弦。我认真阅读完后，随着形象语义在我的身上潜移默化，书中的内容早已变成老相识了。不过，这封信也使我更加明白了我们之间的距离。对于我，他也许是太高尚，太父权主义了。他以关心孩子传递对我的爱护，他反复强调的只愿“给予”而不愿“接受”，在我们之间挖了一条鸿沟。不，我并没有给什么“礼物”——那些音乐碟片是我与他分享的。如我所说，它不算什么，只是我心的伸延。

你是巍峨的洛矶山
高尚封顶的雪峰
——不可攀登的高度
——冷酷无情的洁美

我希望能变成一枝雪莲
去匹配你那雄姿
谁知我不过是一片草叶
在天使城外的荒角里
靠苍天怜悯
发黄转绿

我决意侵犯禁区
从顽石中凿出清水

**五月二十七日**

阅读中国历代妇女轶事及诗歌的零星想法：

对于异性来说，女人只是一肉体。男人说她没有灵魂，肉体便成了她的一切。被玷污的肉体，失去了价值，只有自杀一条出路。

肉体即是女人的一切存在，为了表达自己的决心，她剪去耳朵，戳瞎眼睛，通过这种损形体罚，人们才会听到她的抗议。自我残废是女人的一种语言。

为了使自己能被听到能被看见，王昭君将自己的肉体流放到匈奴那里。

李清照的躯体形象“人比黄花瘦”，超过了她全部诗词的感染力。

蔡文姬被匈奴虏去，她的肉体被玷污了，而后，她的心又被母子永世隔绝的痛苦撕扯碎。在肉体全部毁灭后，她那凄厉悲苍的《胡笳十八拍》却流芳万世。这是一例外吗？不。蔡文姬对男人世界来说并不是一个女性，而是一形象—— 一民族在外族入侵下的替罪羊。

柏拉图谈到美的阶梯——从爱肉体之美，走向爱灵魂之美，再升华到对世界上抽象绝对美的无限之爱。

浪漫主义诗人将体与灵分离，相信灵高于体。无论如何，强大的爱是无法脱离肉体而产生的。

后现代派玩什么体与灵分离，爱与性分离，性与体分离的游戏。言称，一个人可以把性爱当作礼物送给朋友，或把它作为同情的一个手势，或自我发泄放松的一种方式。假如性行为并不把性病带给健全的肌体，性对体又有什么妨害呢？ 如果一个人真能把性不当回事儿，现代人自然会减轻许多无谓的心理负担。

异性伙伴——合作生存。

没有婚姻纽带，却有家庭责任。

爱情/精神/灵魂永远是属于个人的，它们常伴随着孤独者——我是一片孤游四方的白云。

爱不再需要肉体！

体/性使我不再感兴趣。

如果不扫除两性肉体间的障碍，我们就无法达到亲密无间的交流，那就让我们分享我们的肉体，然后将它抛在一边。

上下几千年，女人，像水面的浮萍，寻找着主人或家，来泊定自己。

婚姻的不可能并不意味着性爱与精神爱的不可能，而意味着减少了占有欲和被占有的悲哀。

是否爱的欲望是同占有欲和被占有欲蒂连的？ 不是吧，爱的欲望是为了能在一起，能分享一段时间空间。

我只是想同我所爱的人分享感情与灵魂的交流。而这种交流只会使感情和灵魂之美有增无减。

**五月二十八日**

每逢星期四，我不上课。清早我放任地思恋罗芒，眼睛像裂开的石榴让晶珠自由滚出，窗外的饥狗疯狂地抓挠着客厅的窗户玻璃。

我有一同他灵魂交流的渴望，这种渴望比死还顽固。

思恋的极强度形成了一种令人窒息乌云满布的夏空，只有一场暴雨可以洗刷我的心灵。自我做爱已失去了效用，极度的思念从我的细胞里拧出泪水，让我的躯体化成了汪洋泪海。苍茫海上行驶着一只孤帆——那颗对爱追求不息的灵魂。

思恋
思恋令我昏晕
思恋使我傻笑
思恋虹吸出行行泪水
思恋把我推向溺人的大海
思恋把我引进死亡之地
思恋绘出无数海市蜃楼
却不肯留下一丝希望

**五月二十九日**

我和罗芒一起在四川饭馆吃午餐。他今天穿得很麻利——咖啡色的裤子，浅灰色的衬衫——看起来文雅而又潇洒。我想起他上次对我仪表的恭维，他好像对我是否能看得出他是个墨裔美国人有点疑虑，当然一目了然了，头次见面他谈起墨西哥文化和人民时的那种特殊的感情，便使他的民族根暴露无遗了。搬到洛杉矶之前，我从来没遇到过墨西哥人，通过对卡洛斯、罗芒等人的接触，我渐渐了解到墨西哥人在传统文化方面同中国人有许多相同之处， 比如说孝顺父母，疼爱子女，吃苦耐劳，慷慨对人。

卡洛斯是谁？他是云以前的房客，一位大卡车司机，一名足球运动员。他说云的客厅里没有生气，把她带到楼上自己的房间去看看。的确有生气，七八樽足球赛奖杯摆在桌子上展现他过去运动场上的雄风，满墙挂着大幅画像，云很快从中认出电影性感明星玛丽莲•梦露和超级歌星猫王。 他的房间是超大号的，所以他把举重器械也都搬到了床边。电视后边的墙上挂着一位穿比基尼的女子照片，云一眼认出她就是那位每周造访他一次的女人。她的金发看起来过假，她脸上的香粉不时地抖落，描得过分的双眼使她看起来有点像个巫婆。她每次都在卡洛斯领工资的那天出现，常常停留一个小时左右就悄悄离去。

卡洛斯挺会编故事的。他初搬进来时对云说他还没结婚，他不想买房子，因为他打算同一位有房子的女人结婚，“要知道，像我这样身强力壮的男人对有房子的女人是很有用的，割草、修水管、整理花园，我样样都会。你什么时候要帮忙，打个招呼就行了。” 没几天，卡洛斯便把他的故事忘了，掏出一张四个男孩子的合影，向云夸耀他的四个儿子，接着说，他的前妻和孩子们都在旧金山住，他每个月要支付 800 美元的抚养费。

“你为什么要到洛杉矶来呢？开大卡车的，旧金山又不是找不到工作。“

“嗯，一个男人怎能让家和孩子拴住呢？我需要我的个人自由。”

卡洛斯的确有他的个人自由，他不愿意星期六和星期天干活，“五天工作日足够养活一个人了。” 到了周末，他便穿起昂贵的西服，结上领带，到像样的大饭店或教堂去。他人走后，香水的浓味逗留在房子内，久久不肯散去。 和卡洛斯比起来，云感到自己生存的枯燥：读呀、写呀、教呀、没完没了的家务呀……简直一点娱乐也没有。

有那么一两次，卡洛斯带云和玫去看墨西哥人的跳蚤市场，到了那儿他如鱼得水，见了人哥啊弟啊地呼个不停。卡洛斯既不吸烟也不喝酒，很难从他身上找到什么恶习。他帮云换车油、修水龙头，帮这样的忙他是希望能得到应得的报酬的。有一次，玫蹦跳时把脚扭了，卡洛斯马上把玫受伤的脚放进热水里，然后像位老中医那样推摩拿捏，玫的脚第二天就好了。又一次，热油把云的手臂烫了个大水泡，卡洛斯一看见，马上找来个洋葱，用一片洋葱皮去吸干水疱液。他一边干一边头头是道地说，如果不把泡里的水及时吸出来，不光治愈时间要长，泡消下去之后还会在皮肤上留下一个黑色印记。太对了，云至今还能看见手上被烫伤后留下的黑印。这一次，泡不但消得快，还消得毫无踪影。卡洛斯有很多生活经验，不过像这种助人为乐的事，他是绝不会接受报酬的。

一天，他开车带云去买汽车零件，一路他们谈笑风生。

“你闻起来有点儿腥味。”

“对不起，今天早晨太忙，车又坏了，我没来得及洗澡。”

“不，我是说你丈夫昨夜留在你身上的那种味儿。”

云一下就看破了他的心机，直白地说，“对不起，我可不喜欢听这类玩笑。我是中国人，不喜欢谈论那种事。”

“好啦好啦，不过，性有什么不好呢？它可以使一个人睡得香甜，精神放松，我们工作时一天到晚都开性爱之类的玩笑。”

“别跟我开就行。告诉你，要和我作朋友就离什么性呀爱呀的远一点。”

“不错，我同意，性往往破坏一个男人和一个女人的友谊。您多大了？”

“四十多了。”

“简直不敢相信。墨西哥女人被男人搞得太厉害，大多都未老先衰了。”

许多次谈话中，云都把她丈夫说成为“她”，这大概是种无辜的语病，因为汉语中“他”和“她”和“它”在发音上是没有区别的，但是卡洛斯不放过她。

“哈，哈，你总把你的丈夫当作老婆，你守着一个弱丈夫是因为你害怕强壮的男子汉，看看我这滚动着的肌腱！”他扎出一副比臂力的架势。

真是贵人多忘事，罗芒已经忘了上星期五他们是从哪条路去蒙特利公园市区的，云有心地提醒他，“可不要过早把我给忘了。”

吃完饭，他们各自挑了个幸运饺。他的是鼓励他继续帮助别人，在助人的过程中开阔视野，云的是要她不停地开拓新的地平线。太巧了，这种巧合简直使云变得有点儿迷信。

回到学校，罗芒到云的办公室里帮她看一下她比较文学年会的发言稿。

**五月三十日**

我们俩一起坐电脑屏幕前修改稿间的片刻，在我的一生中不知有多么珍贵。我们的手和胳膊时而相触，好象是春风吻着野草，产生了令人颤栗的性感——这种感觉也许只存在于两个爱入膏肓的情人间。我们的心灵和肉体无声地在向对方发出渴望的信号。到现在我想起他，我的喉头干得就像一头耗尽了水分的骆驼，喘息在浩瀚的沙漠里。

云回忆起她以前为浪漫诗人偶像而激起的爱情，今昔大不可相比。今日的罗芒，一位活生生的美与智慧合成的男子汉，不但激起了她的情，还激起了她的极度灵敏和性欲。不过，他在她心目中的形象也许太高大了，使她有些敬畏。

**五月三十一日**

“请再不要送我礼物了。在这个通常只会忘恩负义的世界里，我心领你的感激之情，友谊已经够了。对于我来说，‘给予’远比‘接受’还为重要。如我对我的孩子们所说的，他们并不欠我任何东西，不过，以后他们有了孩子，他们若能把我对他们的关怀和爱给予他们的孩子，便是对我的最好报答。我对你也寄予同样的希望，以后你能以帮助他人来报答我，我就心满意足了。今天学术界的自私封闭使我感到失望，但并不意外，或许这就是人类世界的生存之道。不过，我永远不会同流合污。我曾经当过兵，当过海防警卫，现在又当了大学老师，我学会了独当一面，正直地活下去。我的一生中，帮助过我的人只有寥寥几个，可我除了以帮助他人像帮助你一样，再无法报答他们的恩情……。”

罗芒的信我至少读了三遍，每读一遍都觉得更加感人至深。记得五岁的时候，我因背不好一首四句的唐诗挨了顿骂，可没想到他的信竟如此容易地背会了。

云不但背会了他的信，还从图书馆里借来了大量有关墨西哥历史文化的书籍。她兴奋地在一本新出的中国百科全书里发现，早在公元458年，中国佛教僧侣便走访了墨西哥。墨西哥的出土碑文展现出许多同中国花纹、图案、象形文字的相似之处，墨西哥的风俗、宪法，甚至历法和中国的也并非大相径庭。

瓜达卢佩在云家里已经白住了十天了。她搬进来的时候说，她在格伦多拉医院有全职工作，实际上并没有。每天，她都呆在自己住的小房间里，望着墙壁出神。第二个月，她说她的钱包在商店被偷了，她失去了刚从银行取出的准备交房租的五百美元。很快，她坦白了，银行里根本没有她一分钱。

“你为什么不像别的美国人一样去申请社会保障金呢？”

“我还没那么老呢，我还想工作。”

“一天到晚呆在家里，怎么能找到工作？”

“我出去找了，可是没有机会。”

她的话不错，连卡洛斯也失业三个月了，没钱交房租，他搬到一位朋友那里去住了。临走时说有了钱，一定要租回他的大房间。

“那么，你怎么不到你的儿子那里去呢？”

“我的儿子在监狱里。”

“在监狱里？怎么回事？”

“他杀了自己的老婆，那是三年以前的事了，凶杀案就登在《论坛报》上，恐怕这里的左邻右舍也都知道这个报道。那年，我卖掉了我的房子，给我的独生儿子五万美元，让他作底金买一栋房子。那样我就可以跟儿子住在一起，为他做饭看孩子。天哪，谁知道我那狗崽子一拿到钱，便不是他了，他买了辆摩托车，花钱如水，招一群女人跟在他屁股后边跑……”

“那时他有多大？”

“二十二。”

“我想他还太年轻幼稚，不该一下掌握那么多钱。”

“太对了。一天夜里，他喝醉了酒，用菜刀砍死了老婆。尽管我是他的母亲，我认为十三年判刑也太便宜了他这个杀人魔王。”

“你想过没有，你的儿子是被你给他的金钱所害的？”

“没错，我深感内疚。不过，我只是一个有血有肉的良家妇女，我好心伺候丈夫，他忘恩负义抛弃了我，我又用溺爱毁掉了自己的儿子。我现在举目无亲……”

“你的那位男朋友呢？”

“别提他了，大恶棍。他骗走了我的车，就再也不回来了。”

“我知道他不会再回到这里来，因为他怕还所欠的租金和借我的钱。一旦你离开这里，我相信，你一定会再见到他的。”

“真的吗？”

“相信我，你和他是同族手足，他现在连英语还不会说，而你是受过教育的，你完全有能力管理他的生意。”

“我能行吗？”

“当然行了。”

瓜达卢佩第二天搬走了，离别时她脸上出现了从未有过的自信。

一旦打翻玻璃瓶，一粒种子是知道如何生根发芽的。云是不是在尽己所能报答罗芒的帮助呢？

**六月一日**

星期五，西蒙请我吃午饭，我谢绝了，因为我跟罗芒有约在先。西蒙这几天好像在痛苦中挣扎，虽然通过几次交谈，我已经把他当作朋友，可我不忍心看他的模样——令人可怜又可恶。我还记得那天在电话上他高声大嗓地埋怨我对他不够热情，使我在身旁同事的面前显得十分尴尬。第二天，出于同情我专程赶到学校去跟他谈谈。

西蒙毕竟是个直率人，直率得叫你可怕可钦。在我们的接触中，他从来没有试图欺骗过我，反之，他把自己的不利条件一股脑儿端出来：他双目失明的父亲，他摇摇欲坠的身体，他江河日下的事业，等等。从某种程度上说，他的直率拉大了我们之间的距离。

不管怎么说，西蒙好像爱上了云，而且以为云也爱上了他。他责备云不该在走廊里碰见他时好像见了陌生人。他告诉云，在美国，教员的性行为或作风问题是同业务提升完全分开的。

云说，“我是个结了婚的女人，自然在乎我的名誉。”

他一听，很失望，没料到云这么传统保守。

不过，云的谨慎是以极高的代价在中国买来的。

老实说，即使在中国，她也并不是个保守的女人，无视规矩乃是她的本性。

云告诉他，“我这个人不轻易出轨，除非我感到一种必要——譬如说，我爱上了某人。”

西蒙马上转忧为喜，他说他想交一位朋友，不是那种一周或一个月才能见一次面的朋友，前天他想邀请云一起去参加个派对晚会，怕她拒绝，没敢请。

云明白她应该及时把他从幻想中解放出来。

“自从我们开诚布公地交谈，倾吐了我们各自的不幸之后，我真的把你当作了位好朋友。洛杉矶骚乱那几天，我天天都为你担心，如果有你家的电话号码，我会打个电话问候你。不过，我坦白地告诉你，我并没有爱上你，我不想让你朝这个方向滑下去。我也不打算和你结婚，我们可以作朋友，但绝不是性方面的朋友。”

云直率地告诉他不可能的理由，“您过着一种波希米亚式的放荡生活，而我却一直是位封关自守的传统妻子——我们的生活方式极不相称。（他嘿嘿笑了，可云却不能笑，她一本正经地在向他撒谎。谁管他的生活方式呢，假如云真的爱上了他？）还有，你的健康状况很吓人，你不是说你不能跟第一个姑娘结婚，就是因为你的身体吗？”

出于无知，云把他罕见的病理现象与可怕的艾滋病联系在一起。 以惊人的坦白，她声明，“在美国我决不同任何人发生关系，除非我完全了解这个人的健康状况。”

西蒙禁不住大笑起来，“你他妈的也太实际了。你是不是说上床之前，你一定要求男人先亮出医生证明？”

“那倒不一定，最重要的是我自己的信任。”

多么可怕的一场谴责、猜疑。也许云太坦率了，然而也是他的回光返照。

云感到很抱歉，不能用一种同情的姿态把爱奉献给需要的人。她并不恨任何爱上她的男人，被爱毕竟有一种愉快感；再说无论爱上什么人也是一种作人的权利。她再也不愿重复在男女关系方面犯下的第一个错误——把一个有情人变成了仇人。

**六月二日**

早上，每当我对罗芒的思恋达到无法忍受的程度时，我便打开录放机，倾听电影插曲“花儿为什么花这样红”。罗芒似乎对一颗爱心麻木不仁，我曾不止一次地说我想读他的小说，希望能以他写下的文字来减轻我恋中的苦痛，他却毫不在意。

恐怕，我又一次爱上了一副自己构画的的偶像，也许我应该了解更多的现实。

只有无情的现实可以粉碎我的梦幻。

“不可能”只能束缚爱并不能扼杀爱。

只有幻灭能成为爱的刽子手。

我害怕那一刻就要来临了，我对他， 他对我，一同幻灭。不，我拒绝接受这种幻灭。

为了我们的爱情，我宁愿牺牲一切人生快乐，我愿在痛苦的海洋上飘来荡去。

冷静下来的那会儿，云把自己分为热恋中的情人和冷静的心理大夫两个角色，进行剖析，她发现了一个人的语言是如何同时暴露和掩盖一颗爱心的。

——我能为你儿子的毕业典礼买件礼物吗？（真是对罗芒帮助的答谢，还是想当他儿子干妈的一种潜意识？）

——我能不能送你和你太太两张机票，请你们到夏威夷去渡假？（我多么渴望能单独同他一起，在那人间天堂里漫游。）

——你的妻子叫伊丽亚，名字太美了。她是小学助教，每天只工作半天，太棒了，我就喜欢一天只干它三四个小时的工作。（一种想替换她的欲望。）

可以说，陷入爱中的人是从不说谎的。不过，她的每一个字每一句话都不是直接的，而是一种掩饰，一种信号，它常会使说话者失去警觉。

语言是人类创造的多么奇妙的工具啊，可以顺手拈来修正、替换、掩盖自己的真实思想。这种心理现象使云急切地想把弗洛伊德和荣格再重温一遍。

**六月三日**

星期三晚上六点钟是我们约定见面聊天的时间，我盼望着那一天的到来。终于盼到了，可没想到他竟然不在——似乎是一种故意的缺席，一种蓄意的谋杀。前些日子，我还打趣说，不要过早地把我给忘了。谁知这句话已经成了现实。一阵眩晕，如果真的晕了过去，我也许不会遭受如此大的打击。我仿佛在经历一场死亡——谁说死亡不知道痛苦？我从未料想到上帝会这样残酷地惩罚我。

一颗灵魂像只受伤的野兽哀嚎着
却没有把痛苦发泄到荒野里的自由
一声声压抑着的呻吟
像罪犯被打进了十八层地狱

我捂住自己的呜咽，唯恐办公室外的耳朵会捕捉到。
有什么比一个迷惘在爱中的人更痛苦？

我看到西蒙，那个可怜虫，焦枯的黄头发飞向四面八方，在走廊上踱来踱去，像一个失落的孤魂——多么逼真的一幅自我漫画写照。

我经历着什么样的情感折磨呀！

哭泣
呻吟

电话终于打通了。

——喂，罗芒。我昨夜做了一个梦，我想让你帮我解一下这个梦。

> 一堵水泥墙又硬又高又陡，我吃力地爬呀爬呀，怎么也爬不上。太难了，因为我手中还掂着一串钥匙。墙头上有位男人向我招手，我把钥匙扔给他。刹那间，墙变软了，像棵春天的幼树朝我弯下腰来。我脚踩石砖缝，轻松地爬了上去。

——嗯，这个梦挺有建筑感的，梦中你穿衣服了吗？

——不知道，不过我敢肯定没有穿高跟鞋。

**六月五日**

又是星期五。 我们一起吃午饭，罗芒穿得灰不溜秋的，脸色也显得格外沉闷严肃。假如我不了解他那智慧的头脑和大度的胸怀， 我很难会被这种人所吸引， 然而爱使我无视一切外貌，我渴望心灵的交流。可是今天吃饭的时候，我们却无话可讲。我刚动刀叉他已经吃完了，我注意到他的目光，猛地醒悟到看我吃饭对他来说是一种受罪——他一辈子也不会这样无谓地浪费时间。

“我回去时要去图书馆一趟 。”

“你为什么不现在去呢 ？”

他笑了笑，没有动身。

云谈起能在王尔顿湖畔读书的快慰，他说他去过新英格兰，见过王尔顿湖。

“实际上我在哪儿都可以读书，凡能读书的地方都是我的王尔顿湖。”

一切似乎都能以男人的意志为转移，环境好坏对他毫无妨害。

“你想去夏威夷吗 ？”

“不想。”

“我要去了，当然不是和你，而是和我的女儿一起去。”

云多么希望能同他一起到无人知晓的地方去，分享片刻属于他们俩人的空间。

“哪天你到我家去吃午饭吧？”

“我从不到同事家里吃饭。”

云一下意识到自己的建议多么不妥，尤其是在异性之间。她是否梦想过把他带进自己的卧室或旅馆，或其他任何地方？

失言常是潜意识在作怪，她如果醒悟到这一点儿，便说不出口来。

“我打扰你了吗？”

“没有。”

“我可以停止。”

沉默，一种被痛苦扭曲的沉默。空气变得格外闷人，云不习惯于这种压迫，她本是一个自由的精灵，或一个竭力解放自己的女性。

云渐渐清楚看出，他们在相互吸引和排斥的折磨下变得越来越模糊疏远了。坚冰必须打破，他们才能呼吸。有时候，肉体的接触可以除去障碍，达到舒畅的交流。肉体的接触可以成为解放心灵的一种工具，然而当肉体的代价高于现实能力时，一定还会有别的方式来消除障碍。

那天晚上，云结结巴巴地吐露了全部心里话。

她向罗芒讲述了近来爱上他之后，她怎样痛哭，当他无意失约时，她的行为是如何的反常。

她说她之所以把这些全部告诉他，是因为她相信只有他一人，才能把她从无法忍受的痛苦和心理混乱中解救出来。

——你喜欢我，为我是一个知识女性而感兴趣；可是我爱你，喜欢与爱之间存在着很大的距离。逻辑上说来，我心理上比你承受了更大的痛苦。你是一位古典学家（习惯于自我节制），而我是一位浪漫主义者，我的感情会极快地升到无法克制的极度……

——让我以一位大夫的身份说句话吧，一个爱恋中的人有一种占有的欲望……

——不，我没有这种欲望。我这一生已经走过了爱的三个历程。第一历程时，我不能将爱同婚姻分离。第一次爱情失败后，我随便同男人结婚以转嫁感情。第二历程中，我把爱与肉体混为一谈（她并没告诉他为了拯救自己，她采用了自贱肉体的黔驴之技）。现在我进入到了一个新的历程，我所渴望的是一种人与人之间的交流。

她忽然意识到她如此这般地痛苦，部分是因为爱中人渴望从被爱者身上获得验证。

——你不爱我，是吗？

沉默。承认爱，责任太大了；不承认爱，责任也太大了。

延长的沉默。

——你是否想跟我上床？

他如此坦率，云眨着一双大眼，像吃惊的孩子一样。

——不。虽然性欲强化着我对你的情感，而且我也不信什么贞洁道德标准，但是我害怕家庭孩子的卷入，我害怕丑闻……

云简直不敢相信自己刚对他讲的那些话——在思恋他的日日夜夜里，她很少考虑过这些现实而又俗得不能再俗的怕字。

——你很明智。那么我们就保持种业务关系吧，愿意的话，你可以把我当作你的哥哥。

——也许我太主动了，像斯宾塞笔下专门勾引男人的妖女。

——我并不是谁的牺牲品。

他一定有一种受辱感。在爱情上，谁也无法把对方当作牺牲品，一个巴掌拍不响。

**六月六日**

回顾一生，我直想发笑。四十来岁的人了，还有着十八岁姑娘时的狂爱，也真是我的不幸。虽然爱过我的人也有一小串，但每次我一主动去爱，就准失恋。每一失恋都是一次出生入死的考验，即使采用心理转移的手段，我也要经过相当长的一个时期才能回复正常。不幸之中所幸的是，每一感情的动乱并没有伤害反而锐化了我的心智。

向罗芒抛出心声之后，我对他的感激之情更深了。为了我，他从未表达过自己的感情，他需要一颗多么顽强的意志来保护我呀。

……

在云坦白自己之前，罗芒跟她讲了他两年战场上的经历。他说，人一上战场便全部都变成了仇敌，你不杀死他，他便杀死你。为了生存，他只有见人就射击，甚至一听到风吹草动便射出一梭子弹，有好几次他从弹雨中逃生。复员后他当了海岸巡逻警卫。一次，为了自卫，他用枪把一个罪犯的脸打得稀巴烂。战争和暴力异化了他，使他一度同人类世界疏远。

“我是自愿去打仗的，白人一般不这样，我们爱美国，我们相信爱国主义……”

“你是说非战，和平主义？”

“对，亲身经历过的战争和暴力使我变成了一个和平主义者，我以后从事文学，主要是为了医疗心灵的创伤。”

罗芒小时候曾是一个智商超众的孩子，被美国选拔为物理学家的培养继承人。战争毁掉了一切机会，但文学为他重铸了一颗新的灵魂，使他变成了一个温和，充满爱心，具有高度道德观念和责任感的公民。不过，他身上仍有潜在的暴力。

“不错，为了自卫，我身上的暴力随时会突发出来。”

他是一个勇士，也是一个危险的人。

一时说漏了嘴，他提到要有一撮海洛因就好了，他马上改口说是开玩笑的，他从不吸毒，不过我相信他知道吸毒的滋味。

海岸线已经明朗了，不仅家庭的拖累使他们的结合不大实际，而且他孤僻、喝酒、抽烟的习惯，再加上体内潜伏的暴力使他们之间的私情也不应继续发展下去。

分析就是幻灭的过程吗？

然而，爱是荒谬的。罗芒耸人听闻的经历和云的分析竟使云对他的爱有增无减。

每次见到西蒙，云的同情心便深了一层。近来的痛苦使她更加理解了另一恋者在苦痛中的抽搐。他又一次请云吃午饭，云有事谢绝了。这个星期五，西蒙生硬的语音里露出一种强装的冷淡，也许他看见云和罗芒在一起了，也许他像云一样在挣扎着重获心理的平衡。不管怎么说，人可以说是世界上最大的可怜虫了，爱是他们的特权游戏，然而代价却太高了。花草树木没有选择爱的烦恼，风肆意吹走它们的花粉，使它们交配结籽。动物，尤其是家养的动物，没有爱情的自由，只有生理的需要，由它们的主人管理交配，选择他们所想要的后代。

那天晚上云离开时，罗芒打开抽屉乱翻他的资料，云没有马上意识到他是在用一种转移的行为来控制自己。已经四十出头的中年人了，还玩年青人的痛苦游戏，未免也有点太幼稚了，现在云才明白为什么当她宣称“我当然爱你”的时候，他会喷鼻大笑。

不过，罗芒也不是超人，他一定也陷在爱中了。

罗芒和云又一次在他办公室里见面。过去的两周内，罗芒竭力避开云，让她静静地恢复自我。

今天云的情绪格外好，罗芒也显得平静，嘴边挂着慈父般的微笑，“家庭是我脖子上的锁链，”他边说边打一个扼死的手势，接着他又提到“责任感”和“自我控制”之类。从这寥寥数语中，云猜出在过去的两周内他经历了最严峻的考验；他的欲望尽管很强烈，但强不过他的意志。虽然受尽了痛苦，他终以一个道德的胜利者或牺牲品作出了选择。

**六月七日**

毫无疑问，他是个具有父权思想的人，对我来说，他起码是这样。可是，我仍旧不可阻拦地被他所吸引，也许那种魔力正是他的自我控制力和不可捉摸性。我渴望能读到他写的小说——零星一百章，他说。然而，他却故意不让我看，说什么怕我看了会失望。可他又说，他决不写平庸无奇的东西，他所写的是一种形式与风格的创新。写小说原是作者披上皇帝的新衣，无羞地暴露自己的隐私，他的小说也许是像我正在写的一样，与己太有关了。

一旦读者把作者的灵魂读出来,他便可以获得一种操纵作者的法宝。小说嘛，并不怕发表，因为广大读者是麻木不仁的。即使他们很敏感，与作者距离遥远，也不会对作者形成什么威胁,或操纵力。因此,既便是亲密朋友,太亲密也是不明智的。“篱笆制造好邻居”——佛洛斯特的一句名诗从玫摆弄的录音机里突然冲了出来。

云坦白的那天晚上，她先听罗芒讲了他越南战场上的经历。然后，她谈起最近组织的诗歌朗诵比赛，并特意向他讲解了李白的诗《月下独酌》，告诉他诗中醉酒的诗人和他的影子及月亮如何结下了一种毫无牵挂的永恒友谊。他们三者的友谊能够“邈云汉”，是在于月亮不解诗人醉酒，却同他一起徘徊；影子虽然同诗人一步一趋，却从来未进入过他。因此，诗人始终是一位孤游者——只有这样一位孤仙才能充分享受心灵的自由。“醒时同交欢，醉后各分散”，建筑在这种互不牵挂的基础上，他们的友谊才会永恒，他们的爱没有渴望、等待、及占有欲的痛苦。也许，人与人之间的关系应当效仿大自然。似乎是对这种理想友谊下意识地追求，使云在坦白自己的爱之前先讲述了一下这首诗。

在她坦白的当儿,云的另一自我站在旁边像位大夫冷眼观察,看着云结结巴巴得活像个神经病人。这个自我清楚地知道，云是在打捞最后一根稻草——谈心医疗法。谈心的过程即是扼杀体内性爱天使的过程。这个自我注意到云的话前言不搭后语，毛病百出。

云感到一种有罪感,然而她却没意识到整个爱的过程中她本人表现得有多么专横、自私。她的坦白并不是要得到爱，而是想把自己从爱的沼泽中救出来。罗芒是个聪明人，他做了拯救她的选择。

尽管云是自私可鄙的，她却饱尝了真实爱情的痛苦。

这种真实的爱情会使每一个女子都化作林黛玉,为滋润她爱心成长开花的男子而终生还泪，爱即是身体的液化。无论如何清醒地知道爱的圈套,她也无法逃脱,她无能为力地昼夜哭泣。当泪水暂止时，二胡的颤音继续着她思恋的悲痛。

谈心后，云每天清早的泪思逐渐缩短到了一个小时。

谈心医疗法开始生效了，它终于帮助云获得了心理的平衡。

星期一，云主动给罗芒打了个电话，罗芒关切地问她这几天怎么样，她说，“谈心之后，我发现自己好多了，快全愈了。”

这一整个星期，云没去见罗芒，因为两人都忙于期终考试。下个星期，也就是本学期的最后一周，云把书稿的最后一部分交给罗芒校对。又一个星期一来临时，罗芒仍没有校对完，却说他要失踪了。云打趣道，从地球上失踪吗？很可能，他痛苦地回答，云马上觉察出永别的信号。你出门远游吗？不，就呆在家里。那么，你就逃避一个人——我。沉默。云现在才觉悟到自己是多么的自私可恶，她向他的坦白是多么的不负责任。从他反复强调的“自我控制”，云明白了在过去的两周内他经受了多么残酷的折磨。

他是爱云的，也许比云爱他还爱得强烈、深刻。 云显然错了，误怪了他只喜欢她而她爱他，所以自己承受的痛苦比他大。

“我原想通过和你推心至腹地谈谈，会扫除我们交流上因异性肉体而造成的障碍，没想到适得其反，我对造成我们之间的异化而感到后悔，我真没想到自己是这样的自私可鄙。”

“不，不是你的错，是做人的自我控制问题，我不允许自己伤害你，我的身体也不属于我自己。 ”

“什么？你的身体不属于你自己？你怎么可能伤害我呢？像你一样，我也是一个有道德、负责任的人，我束缚自己是为了你的家庭和孩子。”

接着云自我嘲弄地说她一生只爱过三次，而每一次都失恋了。

罗芒抗议云的“失恋”说法。他解释道，假如我是单身，假如我有自己的空间……。 一点不假，结过婚的男人没有自己的空间，就像英国维克多利亚时代的女人被剥夺了自己的一间小屋一样。

云虽然也是结过婚的女人，她却从不放弃自己的单独小屋和空间。这种空间，如果不像西方女权主义者宣称的女人独立象征，却是云发泄情感的自由角落。她可以一天二十四个小时随意将泪水洒在绣枕上，随意在纸屑上记下自己的灵感，或随意抽本书去排遣转移爱的痛苦。现在她发现自己喜欢哭，远远超过了笑。哭是一种净化，只要一个女人可以哭，她就永远不会神经，无声地流泪是女人心灵的洗涤。

不错，爱中的男人会比女人更痛苦，假如他的意志不能使他在泪水中得到某种放松。

那真是个令人难忘的夜晚，云和罗芒的心通过语言的交流开始融在一起，双方性爱的天使被扼杀了，谁也不会再是谁的牵连。

“永别吧，你不说再也不愿见我了吗？”

“谁说我不愿见你了？”

“你说你要失踪。”

“哦，只不过两个礼拜。过后，我会在我的办公室里。可你却要走了，你不是要去夏威夷吗？”

“对，和我女儿一起去。我们打算去那里写我们的个人小说——在美丽的大自然怀抱里自暴自弃。”

在梦里，云听到一个美人鱼在吟歌：

我是浪漫的大海，
情意汹涌澎湃；
你是古典的海岸，
用死一般的沙滩锁住我。
任凭我拍吻你的嘴唇，
任凭我推波助爱澜，
岸缄默而平静，
以无声的原则扼着海的喉咙。

盘古开天地之前，
宇宙充满了淫水；
当沙滩托出海形，
人类道德开始盛行。
大海曾经撒过野，
冲垮了岸的枷锁，

使全球洪水连天。
当岸又一次抬起头来，
它不再会放松对海的警戒。
再没有泛滥的希望了？
没有岸就没有海，
没有海就没有岸。

云被美人鱼的歌声迷住了。朦胧中，她仿佛又看到自己出现在另一梦境中：

> 云在一个漆黑的隧道里匍匐前进，想停下来的时候，一个声音催促她，“朝前爬吧，隧道尽处见光明。”她在黑暗中摸索着，勇敢地爬呀爬呀。当她又想停下来的时候，那个声音又喊道，“看，快看那线光明。”她拼命地向前冲去，当她踉跄着到了那眨眼的一线之光时，又一条隧道出现了，长得好像要通到天堂或地狱。一个牌子竖在那里，上面写着：“光线尽处见隧道！” 她的脚趾全肿了，发紫的手指开始滴血，她不得不停下来。一抬头，她猛地看见头顶上一片蓝天。她尴尬地笑了，“为什么我的眼睛一直朝前看，不朝上看呢？”朝上看很容易，不过，要付出一整隧道的痛苦代价。

**六月二十六日**

六月的最后一个星期五。

多么幸福的一个夜晚呀。罗芒以他过去海岸警卫的角色护送我到地下停车场去。我伸出手，向他作最后的告别。

“让我们拥抱一下吧。”他说。

我不知道我们的身体是怎样相挨的——那一刻神圣得超越了记忆，可我清楚地记得他是怎样勇敢地挣脱我，大踏地走进了黑暗，要想知道一个人会怎样控制自己，就看看他吧。

自从我爱上罗芒以后，特利斯坦和伊沙德两情人裸体躺在冰冷山洞的一块岩石上，被一把长剑分隔开的情形，时常出现在我的眼前。只要那把长剑闪现在我们视线内，我们的肉体就会永远保持贞洁。那把剑是什么？我的专横跋扈？他的道德高尚？我们的责任心，儒夫思想，有限的境界？我不知道。不过，那把剑寒光闪闪地悬在那里。虽然性爱的天使被否认了，另一种爱却永远存在我的心里。我仿佛听到了我们灵魂的共鸣之音，但一瞬间便消逝了，剩下的只是种与已无关又有关的美妙回忆。

## 终曲

寻知音是人生存获得意义的捷径。 伯牙是春秋时期最有名的音乐大师。他所弹奏的琴曲十分玄妙，超出常人的欣赏力。不过，他终于遇到了能解其意的钟子期。伯牙弹一曲《高山》，钟子期说："巍巍乎若高山。"伯牙又奏一曲《流水》，钟子期赞道："荡荡乎似流水。"钟子期完全抓住了伯牙的音乐之魂。后来，钟子期死了，伯牙因失去了世上唯一的知音，摔碎了琴弦，从此不再弹奏了。于是，后代中国人便理解了人生在世，获一知音的重要性，诗经曰："嘤其鸣矣 ，求其友声。"伯牙实属阳春白雪，即使下里巴人也会感到艺术价值的存在在于作者与听众的心灵感应。自然，中国人以为人生的最大不幸便是对牛弹琴了，并非牛不聪明，而是对象错了。

伯牙的精湛琴艺不是轻易获得的，尽管他跟着师傅成连把所有的技艺都学在手，他仍缺乏艺术大师那种"精神寂寞，情之专一"的境界。于是成连说，"我只能教你琴技，却无法改变你的性情，我带你到东海求教于我的师傅子春吧。"没料到，到了东海蓬莱山，成连抛下伯牙拨船而走。伯牙发现"海水汩泣，山林窈冥，群鸟悲号"，他竟成了蓬莱山的孤灵。 这时候，他陡然领会到了成连师傅的苦心，援琴而奏，创作了留芳千古的《水仙操》。

又一人类观察人性和人的心理所具普通性的见证。 西方也把水仙花当作自恋的形象。辞典解释道：水仙花，伞形花序，色白、心黄，有香味。古希腊传说中一位叫奈煞西施的美少年，在水中看到自己的形象而产生了自恋，后来因欲望得不到满足憔悴死去，变成了水仙花。于是，水仙花便成了自恋，自我为中心，自我性满足的代名词。由此看来，世上真正的爱，归根结底是爱自我。当伯牙寻到了钟子期，他的自恋欲得到了满足。灵魂之音的分享者就是水中或镜中的自我形象。一个诗人，或任何具有艺术气质的人，必须修养自恋之情，才能达到灵魂的完美。他的这一成功，也只能够通过一位能欣赏他音乐之魂的知己来体现。

那位知己不一定与你发生肉体关系，然而你同他却不可避免地要分享情与欲的极强度。历代男子极少从女辈中寻知音，却常把自己或一同性女性化，进行感情上的云雨之交。更有高明者，索性放弃从人类中寻知己，把自恋扩向自然界。北宋诗人林甫可算是个典型，他以梅花为妻，白鹤为子，不仅实现了终身孤独无寂寞的自恋欲望，而且也落得妻妾成行，儿孙成群。他并非没有性欲的享受，他把自爱转嫁给大了自然，同自然界的公民们争风吃醋。看着梅妻“疏影横斜水清浅，暗香浮动夜黄昏”，林甫害怕霜晨下的雄鸡会向她偷情，白天花粉蝶知道了，也会因爱和忌妒而断魂。

云决定把她的爱心转到业务研究上去，以往也竟见效了。不过，这次性感的夏威夷对这种转移极其不利。吉拉韦厄火山是夏威夷的女神，她传给了人类爱的真谛：阿——罗——哈，并送给了人类一个手势象征符号“放松”。云生平第一次认识到，酒神狄俄尼索斯之精华从大地的中心卡娅神母迸发出来并不可怕，反而壮观。凭着熔岩的喷吐，夏威夷每年增加八英亩的土地。云忽然想起来，陆地原来就是海底火山喷出的岩浆冷却形成的。即使有一天，吉拉维厄火山冷却成了白雪压顶的洛矶山，山内那熔化着的激情依然存在。

几个星期以后，云见到罗芒，送给了他一个用火山熔岩土制成的手势符号“放松”。离开时，她想握罗芒的手，但罗芒说“我们已经过了那个阶段，不是吗？”也许一个男人可以过，但是一个女人极少能跨越爱的阶段，如果它称得上是纯真的情。不过，“再见了——因为我爱你。”

# 第五章 另一种乌托邦

## 一

同罗芒再见之后，七个月过去了。我再也看不出男人女人有什么性之别了。大家对我格外地客气，“喂，于”“喂，云”“喂——”看见犹如没看见。现在进入了一九九三年元月份，洛杉矶遭到了水灾，不懈的洪水卷着崩溃的泥沙朝脆弱的民房劈头盖去，像老鹰捉小鸡一样。

这些日子我都在做什么？排泄。一点也不假，我的卧室，亦称书房，简直同我在另一星球上，也就是抄袭乌托邦世界里看到的公共厕所没什么两样。一间大的主人卧室，里边放张王后号大床，一张特长的办公桌，一台电脑，印刷机、打字机、文件柜、九斗梳妆台，另加大圆镜。再看看那些书，堆在桌旁，散在地上，藏在床下，无处不见。新近的宠书像贵妃一样躺在我床上。我可不是个本分的人，换起妃子或面首来，比女皇帝武则天还勤快。在我的屋里，笔记本、卡片纸、黑铅笔、蓝墨水、红彩笔，应有尽有，伸手可及。不过，我的屋子也是一座紫禁城，我丈夫不得允许是不可伸头探脑的。我女儿嘛，总是太好奇。她时常悄悄地溜到我身后，看我排泄。“别这样，玫。你该学会尊重一个人的隐私了。我完毕时，会让你看的。”其实，大半是为了她，我才不顾医生叮嘱，吃下了过量的泄药。我那位外星人向导不是说，一个人的排世物是另一个人的美食吗？

## 二

昨天雨下得比以前任何时候都大，我听到了打雷声，今天新闻报导说有个人被雷劈死了。我有一种负罪感，因为那雷是对着我来的，是要打死我这个不肖的女儿。昨天夜里爸爸的阴魂以雷公的面目出现了，他手持两个大圆锤，口里露出五寸长的虎牙，翻了翻我落满鸟屎的稿纸，气得青筋直暴。

临走时，他狠命地撞了下大铁锤，大喊道："小心，看我的雷。"

我并没有被吓倒，因为我还记得毛主席的教导："一不怕苦，二不怕死。"说来奇怪，那雷公先是我父亲，临别时却变成了我大叔，我大叔不光特别崇拜毛泽东，他的体形和音容也有点像领袖，在族人中格外受尊敬。我知道这下我非让雷打死不可了，因为十二岁那年，我把大叔的像片改成了扎着两条辫子的女人。虽然我从不懂事起便被灌输了共产主义，社会主义、资本主义、帝国主义、马克思主义、列宁主义、斯大林主义、毛泽东思想这些大名词， 我对什么主义、思想却一窍不通。 不过，有一次大叔带我去省政府玩，我看见省政府门前挂的马恩列斯毛的巨像，便捺不住笑了，因为肖像里人物的胡子越来越短，到了毛主席，就完全不见了。 大叔问我笑什么，我反问他为什么不留胡子，他摸摸自己光滑的下巴，容光焕发的脸，说："胡子有什么好？"

雨嫌黑夜不黑，拼命地往下倒墨水。从窗外望去，天空已成了封锁堤的墨海。更奇怪了，我大叔的阴魂离别时，竟转化成了我二叔，虽然缩矮了一点儿，但更结实了。我二叔当过开封市长，湖北省长，现在在中央，虽然退休了，他的话亲戚们听起来还像圣旨一样。 无论再忙，他都要抽空去捉点儿鱼。 不错，我看见他两腿叉着站在两尖头小舟合一的灵巧渔船上，还有两只鱼鹰：一黑一白。我曾问他，黑鹰好还白鹰好？他挺有风趣地说："黑鹰白鹰，捉住鱼便是好鹰。"听说哪只鹰哪天捉了条鱼，他便喂它一粒进口的巧克力豆。 大雨中我又看见二叔在踩着石头淌过洪水，像个学走路的孩子，我忘掉了恐惧，大呼起来，“小心！”他扭过头，大笑起来，“傻丫头，我在表演摸石头过河的经验呢，这比东欧什么跳大涧政策要明智得多。我办事，你放心。”

我可算一个色胆包天的女人，虽然我抗议父亲的专横，却又受到他的性吸引。离开家到农村接受再教育那天，他给我买了个红苹果，大得像个小孩儿头。离家以后，我再没回去过。我知道父母亲更加疼爱卫星般守在他们身边的兄弟姐妹们，他们可以为两位老人买粮送煤上医院，一起吃节日团圆饭。不过，父亲每次和同事谈起孩子便会提到我，那位曾去过英国，现在在美国的女儿。

记得离开美国的前一天， 所有的亲戚都聚在我父母家里为我饯行，酒肉瓜果格外丰盛，可我兄弟姊妹们带来的七位孩子——每位都是独生子女，小家庭中的大皇上——却打得不可开交，活像七国争雄。我侄子隔着饭桌把一块红烧肉甩到对面的“敌人”身上，我小外甥女，才五岁，把白花花的米饭种了一地。我妈看着他们年轻的母亲们说：“一天不打，上房揭瓦。”我哥哥伸手要打他的儿子，没想到，儿子顽皮地嘲笑他，“爸爸，别在这儿装样了。”

门口有人敲门，我妈打开门，见是个乞丐。她进厨房，盛了一大碗饭和肉。可要出门时，却被两个手持玩具枪的大孙子截住了，孙子们嚷道：“奶奶，老师说不许喂要饭的，他们懒得不愿挣口饭吃。”乞丐听了，在我家门上贴了个纸条，走了。纸条上写着首诗：

**家系树**

黄种后代招财来，
分崩离析自悲哀。
花繁叶茂心分裂，
根断茎折无人来。

叶枯萎，花冠缩；
不再围着戚眉过。

富贵荣华毁家系，
祖传锦袍将扯破。

母亲听我念后，脸色变得苍白。我忙从钱包里抽出十块钱，要追出去求那位乞丐重给我们写首吉利的诗，母亲摆摆手，说："太晚了，全是我们的造化。"

我父亲对这些事是视而不见的，他只顾和孩子们玩耍。背上一个小孙子，两只小胖手搂着他的脖子打滴溜，膝盖上还坐着个小外甥女，小手忙着按照时髦的不对称审美观重新系他中山装上的钮扣。我劝父亲说，他应该把自己过去的战斗经历讲给这些惯坏了的孩子们听，他默默地摇了下头。自从一九六六年他受到冲击，被打成走资派以后，他再也不愿谈及自己的光荣历史了。不过，去世前他给我来过三封信，封封都谈到他如何重游过去打过仗的地方。我回信请他写本回忆录，为此我还特意为他寄了个录音机。没想到，他的死讯来得竟像晴天劈雳一样突然。听龙说，他是心肌埂塞死的，死前他和邻居，一位同他一样的退休的老干部，为院子里的小鸡争吵生气。一个伟大的人应为这种鸡毛蒜皮的小事儿死去吗？我姐姐说她乘特快当天就赶回了南阳(为什么这么快？如果不是有分财产的希望)，却发现我父亲没有留下一点财产，一分钱也没有。大家都很失望，他为社会主义干了四十多年，什么也没挣下，谁来养活我们年迈的母亲？她快聋得听不见了，国家每个月只能发给四十元抚恤金，这点钱能干什么？好啦，你们六姊妹兄弟每人每月给母亲二十元，我每年从美国寄回五百美元。真可谓多子多福，这下我可明白为什么中国妇女的输卵管总扎不住。

今年我的支票寄走了吗？对，两个星期以前寄的，希望我母亲能在春节前收到。

## 三

我这个女人，不但敢于爱自己的亲生父亲，还敢爱自己的大叔、二叔，我是指男女之间那种爱。我对大叔的狂爱，可以说超过了父亲，以现在的眼光来衡量我大叔的话，叫有点“左”，他喜欢男女都一样。尽管我大叔已去世十一、二年了，我对他的爱仍不散。至今我一闭眼还能看见他被一群妇女围着，有的拿着镰刀，有的拿着斧头，有的端着枪，有的抱着捆稻子，有的捧着红宝书，……。他们每人都以自由女神的架势举起一只手，我明白了，她们的意思是能顶半边天。我曾经对这些妇女又羡慕又忌妒。我想方设法地紧跟毛主席的教导，可总是赶不上她们。记得离开农村到英国去的那天，我站在自己的试验田边，看着麦子枯成了干草，我像失去爱的恋人一样痛哭流涕。到英国不久，我大叔的噩耗传来，我躲在卧室里一连哭了三天。别人都不知道，我对大叔的爱是超出了正常，却并没超出一般男女之情的。我大叔特别喜欢我打扮得像个男孩，他见我那样，“飒爽爽英姿五尺枪”的赞句便溜出了口。我对此并不满足，为了使他对我的感情深化，我便在他面前表演自编的舞蹈，“我失骄杨，君失柳”。他看后，说我表演的有点资产阶级情调，不过我一提是毛主席诗词里的，他便不吭了。

我和大叔都喜欢读毛主席的书，不过各取所需。我大叔特别喜欢毛泽东关于“农村包围城市”“枪杆子里面出政权”“阶级斗争一抓就灵”“备战、备荒，为人民”这些大理论，我却特别喜欢毛泽东的一些家常话，如“人总要有一点精神”。不过人变世迁，今天也不知道锦州的苹果长得是否能供得上喂伟大长城里面的蛀虫？

为什么我爱上了二叔呢？首先是因为父亲和大叔都已经去世了，活着的人，感情总需要有所寄托，这也叫适应历史朝流。我过去一直是位浪漫十足的女性，相信第一个笑容，第一次见面，第一声话语的无比征服力。我同二叔的经历却截然不同。初次见面，我不觉得他是个理想的男子汉，他个头有点矮，笑时好像在咬牙，他从不哼歌，不过我知道他那敦实的体躯是很难产生出美妙的音乐的。我二叔看起来很彪，也就是说他的雄威使我有点敬而远之。另外，在我对他培养感情之前，就听说他在开封命令把市中心贴大字报的鼓楼给拆了，有位学生想不开，从开封师院的飞机楼上跳下去，自杀了。因为我二叔果断、能干，不久他便调到中央，成了要人，他的照片也常出现在报纸上，为了避免见他的嘴脸，我至少大半年拒绝看中国报纸。

一个时期，我对二叔的仇恨升到了顶峰。但俗话说，物极必反，最强烈的仇恨往往隐藏着爱的种子。通过一段自我消化，我二叔竟成了我心目中的英雄，自古“美人爱英雄”，我在他眼里算不上美人，但每个女人应是自己眼中的美人。于是我开始注意他，细看他的照片，学习研究他的讲话，慢慢地他在我心中的形象改变了不少。别笑我，在我的心目里，二叔渐渐变成了一个外星人，我是说美国电影《外星人》中的那个外星人，他用自己的内力医治好了孩子手上的伤痛，嘴里不停地念着“家”“家”，像个慈祥的老祖母。也许我只是把二叔塑造成我所理想的情人，不过情是真的，我爱他爱得不能自制。我二叔不大在乎女人的穿戴自由化，这更使我饱尝性嫉妒的折磨。近来我连做恶梦，在一个梦里，我见二叔被成群的电影明星，流行曲歌手，时装名模围着，她们有人穿着诱人的睡衣，有的几乎一丝不挂。我二叔自己像个皇帝似的，穿着一件价值八万美元的上衣，抽烟时一不小心，烟灰弹到了衣襟上，他的警卫员马上给他换了一件新的，价值十三万美元。我二叔的目标是几年内能穿上十三亿美元的茄克，这样，他可以亲身体会到每个中国人都富了起来。我对二叔的爱简直要迸发了，然而隔着太平洋，恐怕他并不知道。

在另一个梦里，我看见二叔的部下送上了一大摞文件。 二叔命令我——他的私人秘书，认真阅读后，把大意给他汇报一下。当然我先报好消息了，“根据统计数字，在摸石头过河的英明决策下，我国的国民经济从一九八三年以来逐年上升百分之十二点二，已经超过了亚洲四小龙的速度。”二叔听了非常高兴，递了个情眼，我受宠若惊，心怦怦直跳。不过因为我爱你，我也必须向你报告另一面——我国的自杀率已赶上了美国，每天大约有四百余人轻生……”

“哦，谁报导的这个消息？”

“一位加拿大学者。”

“绝对不可信赖。”

我不知道二叔指的是我还是那位学者。但是，二叔离开后，他的两位警卫员马上把我揪住， 拖向一口井——中国历史上宠妃的命运。

我从冷汗中惊醒过来，大呼母亲救命。

母亲曾说过，一个国家的领导人应是阴阳平衡，一半男，一半女，不能太雄化，也不能太雌化。母亲现在怎么样了？你已经聋了，再也听不见女儿的声音了。我却记得你，记得一天夜里，父亲把孩子们全叫起来去看你。你躺在床上，好像要在一场恶梦中死去，你眼睛直瞪瞪地望着天花板，嘴角挂着白沫，喊叫着："你走，你走！不，我不去，我不去！" 后来，我问你喊的是什么意思，你温和地笑笑说："我喊那了么？我不记得。"

## 四

我必须坦白最近我发现自己成了一个泛性狂。我能从最正经的音乐里听见做爱的呻吟，我能从衣冠楚楚的油画里看见裸露的性，任何舞蹈，像摩登探戈，都能使我感觉出旋涡式的床上节奏。这就是为什么我不再能返回中国的原因。我爱美国，因为它是泛性主义的摇篮——把艺术、哲学、文学、社会学、人类学、数学、物理、电脑学、战争、和平、吃喝、排泄…… 通通性化了。就真正的性而言，中国大陆还处于低级的启蒙阶段。

一个星期以前，我收到了封哥哥的来信。他是名警官，他说最近他专程去深圳一趟，了解河南妓女在那里的活动。他在一家豪华大旅馆住了一夜，受到了近二十位肉体出卖者的电话骚扰。晚上十点至半夜零点和早上四至五点两个高峰时间，电话吵得你简直没法睡觉，当他面对面审问一位从新乡来的年青姑娘时，那姑娘哭了，说她来深圳完全是以她姐姐为榜样的，她姐姐五年前分文没有来到深圳，在旅馆里出卖身体不到半个月便赚了四万块钱，她把钱带回新乡，开办了个工厂。尽管人人都知道她起家的钱是肮脏的，但没人在乎。她姐姐现在不但是厂长，而且幸福地结了婚。我哥哥说，或许成功的决窍在于办错事办在正确的时间和正确的地点。那位模仿姐姐的姑娘模仿得不是时候，结果她不但被抓住了，而且查出了艾滋病。

我北京的姐姐也来了封信，她说当大学教师凭教书当然是无法富起来的，国家倒是一天天繁荣起来了。现在能看见金发碧眼的俄国女郎为中国男人推拿按摩，送茶倒水。有位同事刚从越南讲学回来，说越南现在穷得一塌糊涂，那里的人们把中国看作天堂，发疯似地想挣人民币，就像我们想挣美元一样。他们的市场上几乎所有货物都是中国造的，无论你走到哪儿，年青美貌的姑娘都会礼貌地截住你，花三百人民币，你就可以在他们的高级宾馆里尽享一夜春梦，绝对没有治安人员的打扰。那位同事还听到了个可怕的公开秘密，越南当局下决心牺牲两代妇女来换取国家的现代化资本。

## 五

“玫，回来了？给我把中文报拿过来。”

“等一会儿，我在换湿衣服呢。”

可怜的孩子，这么大的雨，没人去学校接她。我已经病了两个多星期了。

“妈妈，你好些了吗？”她捧来一摞龙从香港超级市场拿来的不要钱的中文报。

“还不见好，不过我想看点什么。今天你在学校里怎么样？”

“一个男学生踢了我的小车，叫我‘妈妈的好乖乖’。” 我真不该让女儿勇于与众不同，用买菜的小车拉她沉甸甸的书包。

“妈妈，世界末日审判日真的要来了吗？圣经上说，如果一个孩子怀上了孩子，男人怀上了孩子，最终审判日就会到来。在我们学校里，一位十二岁的女学生现在怀有孩子了，昨天报纸上说有位男人也怀了小孩。”我也读了那个报导，那个男人的孩子大约三磅重，开刀从腹内取出来时已经死了，因为他没有骨盆。

“净胡说，男人不总是在怀孩子吗？要不，我们今天怎么会读到莎士比亚和《红楼梦》呢？”

“我喜欢你的玩笑，不过我是说真正的小孩，而不是不朽的小孩。”

我一眼扫见了一九九三年一月二十三日《神州时报》的一个大标题《失落的小太阳》。读着读着，我的心难受得要滴血，我仿佛看见丢了独生儿女的父母亲在窗外游荡，风雨在呜咽、嚎哭。几千年来中国人重文轻商，今天总算把价值观念颠倒过来了，太妙了，他们把商业那铁石般的引力比喻为不可阻拦的大海。现在工农商学兵一起下海捞钱，假如你没本事搞股票，做生意或买东卖西，你可以拐骗贩卖儿童妇女。有好几位作家为“商魂”大唱赞歌，又有多少人为现代化过程中无故受害的妇女和儿童们泼墨呢？ 翻看完这摞报纸，我感到头脑满得要窒息了。

“玫，快来。我要排泄。”

“我能帮你作什么？”

“拿一些白纸过来。”

玫用端饭盘装了一厚打白纸放在我床边，然后，悄悄退去。好孩子，她知道人排泄时需要私人空间。

能在床上自由排泄是一种特权享受。 记得玫两个月大的时候，由于牛奶里充水太多，她得了说不出口的便秘，我现在还能看见她那时憋得发紫的小脸，紧攥的小拳头，乱踢的小硬腿。

## 六

床上排泄是梦中的长途旅行。

“喂，你的绿卡！”海关人员朝我背后大喊。

我怎能忘拿回绿卡了呢？如果丢了，我可真变成没有国家可居的女人了。

离开首都机场，我就去北京西郊清华园找我姐姐。天下着蒙蒙细雨，拐进居民区的一条小街，我看见一群人在游行，打着的牌子上写着“救救孩子们！” 哈，是从鲁迅的《狂人日记》中抄袭来的。一踏上这块土地，我就有种到家的感觉。游行者的面孔我好像很熟悉，想起来了，我刚读了关于他们和他们失去的孩子们的报导。中国真是朝着开放的方向迈进了，不但记者们报导真实，居民们也有为自己的私怨上街游行的自由了。

第二天我大早起来，去参观改革中的重工业先进单位——首都钢铁厂。他们的先进设备我看着有点眼熟，很快，我从一位经理那里了解到他们把加州钢铁厂的设备全盘搬过来了。真有气派！中国人竟能把这些大黑家伙全买下，一下从太平洋对岸给兜了过来，这可是文人无法想像的。一位年轻工人告诉我，到一定时候中国还要把拉斯维加斯赌城、加州狄斯奈乐园、比华利山庄和环球影城全买下搬来，这样中国人挣的美元就不会再倒流进美国的荷包里去了。

## 七

我到达上海的那天,去虹口公园的那条大街被围得里三层外三层，我拿出当年红卫兵的闯劲来用肘捅着挤了进去，正巧看见最后一辆通向刑场的卡车。车开得很缓慢，怕压不死蚂蚁。车上有一个罪犯，五花大绑着，背后插的牌子十分醒目：贩买儿童和妇女的主犯。我高兴地舒了口长气，这些罪犯该遭千刀万剐。伸长脖子目送罪犯远去时，我不小心踩着了谁的脚。

“哎哟——。啊，是你，云。”

原来是李洁，上海进修时班上那位“清教徒”。她说她弟弟是那个主犯的看守，对情况了解得最清楚。说着，她从手提包里摸出两张纸，说是他弟弟的新作。

**时代的弄潮儿**

——看犯人有感

他的文化不高
但凭其网罗人贩的魄力
或许当过生产大队长
甚至出席过省积极代表大会
受过社员们的夸奖

然而今天
他变了
他坐了牢房
拐卖妇幼之前
他高价卖掉了儿子

平价卖掉了妻子
贱价卖掉了老娘

亲骨肉的哭嚎
换不到爹的回首一眸
妻子多情的的眼泪
溶不化好汉的心肠
弃在他家当佣人的老娘
默无怨言
她，只有她能理解儿子
独特的孝心——
英雄“下海”之前
先为弱者安排了归宿

天真烂漫的守狱人
好奇地谴责犯人的良心
犯人开怀地笑了：
“这种时代，不赚白不赚。”
上刑场前
他讨了两只烧鸡
酒足肉饱、酣睡一通
世间唯独他
实现了自己的宿愿
生前死后，问心无愧

虽然文化不高
他却捉住了两个时代的精神
当了永不落伍的
弄潮儿

“读起来不像首诗，不过反讽性挺强的。”

我耳朵有点发热，好像那首诗在讽刺我。我心里明白如果这几年我呆在国内，也不会是个差劲的弄潮儿。作一个中国人就是要具有很强的历史潮流感。无论什么闹出新来，大家都一涌而上。不过中国人永远是中国人，也因某些本性，我们永远无法或不愿改变，辟如，喜欢看杀头，听放炮，既热闹又惊险刺激。

“李洁，你穿这种瘦腿裤真神气。你现在干什么？”

“今天礼拜日，我随便点，轻松一下。我在一家台湾人办的公司里当公关人员，平时上班不是穿西装便是各种别扭的旗袍、连衣裙。走，我们到一家咖啡馆去坐坐。”

李洁变得愤世嫉俗了。她说她已被三家老板解雇了，假如再不顺从潮流赶时髦，涂脂抹粉，不出一个月就会丢掉这份工作。

不过，她不怕，她正在筹资准备自己开店。接着，她给我讲了许多关于公关小姐的轶闻趣事，我打断她，说这些在洛杉矶中文报上都读到了，甚至还写了四句公关小姐肖像诗。“让我看看。”李洁又摆出大姐姐的架势，如果不让她看，她准会马上胳肢我，让我笑得无法抵抗。

“这儿，自己看吧。”

**公关小姐**

女人从商，
专靠红妆；
曲线现代化，
技超赛金花。

“赛金花是什么意思？是不是公关小姐个个比金花还漂亮？”

“你当然比金花漂亮了，不过赛金花也指十九世纪末中国的一个名妓，八国联军打中国时，她通过与欧洲人的色情关系，使北京不致于被彻底毁灭掉，可谓色情救国的先驱。中国妇女不会连这也不知道吧？”

“哎，现在没人看什么正经书了。我看要学中国历史最好出外留学。”

“太对了，关于中国和中国历史方面的知识，我在美国就比在中国学到的多，现在我当上了中文副教授。” 李洁对我的业务职称毫不感兴趣，瞟一眼我身上穿的 T 恤衫，说现在中国的狗都比美国人穿得好。我笑起来了，美国文明在向内省发展，而中国文明在朝外部迸发。在淮海路和南京路逛商店时，我惊讶地看到一件普通连衣裙可贵达五千元，一条进口特种狗八万元。

我忽然想起了龙给我讲的一件事，一位中文女硕士因找不到工作，在一家小旅馆里叠被子扫地。一天住进了位不识字的乡村姑娘，邀她一起到农村去做生意，赚大钱，她毫不犹豫地去了。结果呢，那村姑把女硕士卖给了一个山里的农民当老婆。

"李洁，你说这事是不是真的？"

"真的，国内人人都知道，这是上面发的文件上的。那个女硕士被关在小黑屋里好几天，还被那个农民奸污了。"

"太荒唐了，简直太荒唐了！"

## 八

"你最近听说过宋玲吗？"

"没有，她从没给我写过信。"

"自从她嫁给了新西兰一位八十九岁的富翁后，再不给我们上海时的姐妹通信了。有人说她丈夫脸上布满了老人斑，看起来像个麻疯病人。"

李洁脱掉笔帽，写起来。

**女人的追求**

女人只有追求
不再具有价值
为何要嫁到海外去
与那不相识的老与丑共眠？
那阔绰的洋房里
你又能占居多大点儿面积？
假如你不会游泳
守着那池清水
又有何用？

我嘲笑了一番李洁的道德优越感，夺过笔开始为宋玲打抱不平。

**女人的自由**

昔日她美名“千金”
却无权追求
今日她抛弃了“卷面”的价值
但获得了“实质”的自由
为何不能嫁到海外去
与那不相识的老与丑共眠？
苍蝇有进出洋房的天赋之权
难道我就不能
守着那泓清水
尽洒嫦娥泪？

李洁亲切地捅了我一拳，“你中了西方的毒了。”

“你没有？哈，哈——，五十步笑百步。”

“我们四姐妹中的蓝羽五年内已离了三次婚了，一位能干的事业女人，不过却被人叫作‘女陈世美’。她毫不觉羞耻，还写了首打油诗为自己打气。”

**谁甩谁？**

可咒的男人啊
过去数千年里
你摇唇鼓舌
尽玩笔墨
把“美”贴在女人的脸上
用“贞操”强奸了她的心灵
“丑”与“恶”既是人的本性
难道女人就没有份儿？
啊，擂起新时代的战鼓
燃起奥林匹克的火炬

看哪，
如今到底谁甩谁？！

“你说她的打油诗写得怎么样？”

“挺不错的，不过内容好像是抄袭女作家张抗抗的，我在洛杉矶《神州时报》上看过张抗抗同一题目的小短文，竟登过两次。”

“生活中不先有蓝羽这种女人，张抗抗怎么能写得出来呢？”

## 九

我离开上海以后，直奔曲阜，许多在美国的朋友请我代表他们去朝拜孔子这位世界圣人。我到那儿时，曲阜比赶庙会还热闹。看了一首由一位希图遗臭万年的匿名者写在不允许涂写的墙上的诗，我才知道曲阜在举行选美活动。

**曲阜选美**

曲阜选美群女竞，
羞杀儒郎无吟病。
风流勿需上山去，
城内遍是鱼玄机。

谁是鱼玄机？是否还活着？怕问人丢脸，我跑到县城图馆去查找，很容易在一本新出的《中国女诗人词典》中查到了。

> 鱼玄机是唐代一位道僧女诗人。为了性自由，她抛弃了男人小老婆的角色，上山当了出家尼姑。她性喜游山玩水，广结情人。不幸因毒打侍女致死的罪名被处死。她的罪名很可能是被忌妒的男性所诬告。

我急忙跑回曲阜去看到底谁拿到了曲阜美女的桂冠。哎，晚了几分钟，选美已经结束，四散的人群中是很难截住个人询问的。我走进女厕所，看见一位漂亮的姑娘对着墙上的镜子流泪，她也未免太自恋了吧。旁边一位老太太对我说，这个姑娘只差两分没选上。 我对她的同情油然而升， 我理解她为什么哭，想当年，我拿到英语考卷，一看是九十八，而不是期待的一百分，就唰唰地落下泪来。

老太太说她明天要登南山去拜庙里的菩萨，邀请我一起去，我虽不再坚持无神论，也还没有皈依任何宗教。不过，我答应了——好奇心非杀死女人。

南山一行很值得，吸足了新鲜空气，还听说庙里的尼姑大多是因为生活和爱情上的挫折而出家的。令人吃惊的是她们中相当一部分是大学毕业生，真可谓看得越透，痛感越深，便越急于脱离苦海。我有幸同几位年轻的尼姑聊了下她们的身世，有两位在我脑海里形成了极其鲜明的形象。

**敲木鱼**

"性" 早已不再是禁区了
她仍捧着那片无花果叶不放
受骗了
绝望了
罪魁祸首不是他
而是那纯洁高尚的爱

尚若她能在善与恶面前麻木
尚若她能将爱与性的连线剪断
她也会以天姿作赌注
参与 "谁甩谁" 的游戏
日新月异，趣味无穷

可是她
太落伍了
不配留那头弯曲的长发
太封建了
滚滚长江岂容她自尽污染？

太纤弱了
只能光着灯泡似的脑袋
敲那圆寂国里的木鱼

**拨佛珠**

父亲太多事了
场长屡奸女工
周瑜打黄盖
碍你何事？

母亲太多情了
父亲被暗算的汽车撞死
你何必动气
丧于心脏病？

女儿太孝顺了
双亲已亡
人去人情尽
你何苦四处告状？

既然你如此英雄
为何又半途而废？
潜入深庵乞平静
那千年的佛珠
果能拨除你恨万重?!

## 十

“龙，你回来了？”前门的响声打断了我的梦游。
“带回今天的报纸了吗？”
“玫，把报纸给你妈拿过去。”
“玫，给我念一段好不好？”

“念什么？”

“随你的便。”

玫净挑了些孩子感兴趣的新闻：养花和养宠物比赛。

“妈，我需要点时间完成我的历史墙报设计，明天就到期了。”

“好，去干你自己的事吧。”

## 十一

我继续在梦中游。

作为一名学者，我喜欢参加学术会议，从收音机里我得知两千年前屈原投水的汨罗江上，正在召开一个大型文艺座谈会。乘特快火车我连夜赶去，发现到会人员都在江心的龙船上吃粽子跳摇摆舞，会议的宗旨是要歌颂“商魂”，探讨它的划时代意义。我问船上那些乐得忘乎所以的学者，“那么国魂呢？”他们哈哈大笑起来，“国魂？早跟现代派的鼻祖鲁迅去了。我们已进入了以钱和玩为主调的后现代主义新时代。”他们毫不掩饰的取笑，使我感到落伍得无地自容。中国大多数作者，同我一样，都是时代的弄潮儿，按照时代的要求唱赞歌。极少颠覆性的作者，如屈原，只有怀抱良心的大顽石，投进江河里。他们的悲剧性死亡偏又为我们大多数人创造了寻欢作乐的良机。

我乘飞机赶到洛阳去参加全国性养花协会第十三届年会。这可真称得上是个会议，发言者个个盛气凌人，当仁不让，有的袖头卷得过了肘。这届会议的主要目的是要选出国花。洛阳来的代表坚持要选牡丹，郑州来的要选玫瑰，台湾来的要选梅花……；有位个人代表要选兰花，还有位要选菊花……。莲花的代言人因剽引古人《爱莲说》中的妙句一时占了上风，他说：“牡丹公然抗拒武则天皇帝命其严冬开放的圣旨，被贬到洛阳，李汝珍对这点最清楚。今天我们国家需要的是安定团结，千万不可抬举牡丹。至于菊花，是隐士之花，它代表的退隐精神和我们四个现代化格格不入。玫瑰嘛，不单遭西方诗人的滥用，自己也够贱的，天天开，月月开。我的观点是大家应推选荷花为我们的国花：中通外直，亭亭玉立，出于污泥而不染……”

“我坚决反对选荷花。 它浑身淫味儿，连外国人都知道《金瓶梅》里的那个潘金莲。提起潘金莲，东西半球都会想起旧中国妇女裹着的三寸小脚。”

“兰花更不行，它使人们想起屈原，一位爱国诗人。但是众所周知，爱国主义实际上是狭隘的地方主义。我们中国人，一定要成为世界公民。”

“那么为什么我们还要选国花呢？”会场上口哨声、叫骂声四起。

## 十二

我又急忙飞到广州去参加全国宠物会议。哪怕来晚了，我也不甘心仅当一位听众。 五天会议已经进行到了最后一天， 当然，决赛更有趣。一位男发言人，穿着条长裙子，振振有词地讲为什么雄鸡应该成为中国的宠物。他先挂起一张大地图，指给大家看中国在地图上如何像只雄鸡，接着大讲中国文明如何以雄鸡唤醒了世界文明，然后强调今年是鸡年，连美国都印发了中国雄鸡的纪念邮票。雄鸡是希望的象征，我们国家需要希望吗？大多数听众赞许地点起头来。

然而龙的发言人毫不让步， 尽管有些年青的知识分子已刨根求源证实了龙是暴君的象征。他说中国有什么动物能比得上龙呢？把熊猫误作中国宠物送给其他国家实在令人发笑。熊猫曾是一种厉害的动物，根据历史记载，是一种食铁动物。不过，已经可怜地退化成了介于玩具熊和小猫咪之间的软家伙，一位吃素的弱者。 公鸡在我们后现代主义时期又有什么用呢？在二十一世纪公鸡就要逐渐消逝了，只有母鸡才有权利坐在农场里的电气盆子里下蛋……”

会议是在广州最高级的宾馆召开的，绝顶干净，可我无意中朝讲台角一望，看见了两只蟑螂，激动得我站起来，满怀深情地背诵了我的发言稿。

## 蟑螂颂

### —咏空虚之无限

蟑螂，生命之谜
比恐龙还老
将再活千年，万年，百万年，兆兆年
你聪明得不可
面对我——
比你大几亿倍的魔王
挣扎有什么用？
碾碎你，我的拇指没有一丝湿润
踩死你，我看不见血的红色
你应该让我觉悟到屠杀者的残酷
然而没有血流成河
没有痛苦的迹象
没有埋怨的声响
没有挣扎的蠕动
没有皮肉的抽搐
大白天你在黑暗的角落里
蠢蠢欲动
黑夜里你成群地围在下水道口
鸦雀无声
没有人应该注意到你的生存
然而我却从百科全书里发现
你能嚼动一切——垃圾，肥皂，书背
甚至电话线！
具有人类病毒的防疫力
原子弹也不能消灭你的子孙后代
蟑螂啊，蟑螂
比恐龙生得早
你还要再活千年、万年、百万年、兆兆年
非把人类生存的意义全笑走

也许因为我的发言有点诗味，是以电光的斜径来揭示真理的，大多数听众心领神会了，但一位有点似懂非懂的人问，“你的副标题是什么意思？”

我真后悔，为什么要给个什么副标题呢？为难之时，庄子出现了，手掌上托着两只蟑螂：一只灰尘扑扑，像是从乡村茅厕的土墙上来的；另一只油黑发亮，显然是从西方或西方化了的大都市来的。两只蟑螂不约而同地唱起来，“你们不是蟑螂，怎能知道我的生命没有意义？”这下全体到会者都醒悟过来了，一致投票选举蟑螂为中国的国宝级宠物。小范拍拍我的肩头，还像个老朋友。

“云，真棒。我喜欢你《蟑螂颂》中的暗讽。哈哈，中国的文明比恐龙还要老，我们默默地生存下来了，我们还要延续百万年亿万年，管它有意义还是没意义。”

“先生，那是你自己的误读，我可不知道那么多暗含的意思。我只不过是看见旅馆里有两只蟑螂，一时发兴而已。”

小范离去后，我顺楼梯上了一层阳台又上一层阳台，去体会不同地平线的视觉。

> 在前面
> 似乎有一条死线
> 我知道它不会是死的
> 只是我视野的局限
> 我想为自己的忧郁
> 定下一个死期[8]
> 以此证明我
> 超越永恒的
> 能力
>
> 孤独楼上
> 我爬得越高
> 天际离我越远
> 我想把它钉死在那儿

---

[8] 英文原文为“划下一条死线”(draw a deadline)。

唯一只有停留在这儿

我追求的
天际
只不过是
一种
眼疾

地平线
不是直的
季节之铁环
滚不出
新来

会议上出乎意料的取胜高兴得我从梦中醒来。

## 十三

"吃饭了！"龙在厨房里大声喊。

"玫， 去和你爸爸一道吃饭吧。 今天是我们中国的大年三十，可惜我不能起来和你们一起过。祝你们俩吃得快活。"

哦，天已经黑了，又下起大雨来，噼里啪啦地打在房顶上，竭力在模仿中国人放鞭炮。

我有一种负罪感，好像是我把雨带到了西海岸。到洛杉矶面试之前，我问南加大东亚系的主任，"我去应带上什么？"

"雨伞。"

匹兹堡的同事们听了笑得前俯后仰，"你不知道加利福尼亚已经大旱五年了？加州快拖垮了，希望你到了那里不缺水喝。"

一九九一年八月十五日，我和丈夫女儿走下飞机时，洛杉矶下起了毛毛细雨，一片苍茫。出租车司机兴奋地告诉我，今天高速公路上的事故多极了，长时间干旱使人们忘记了如何在雨天驾车。"我买房子的时候，经纪人也对我说，"房顶不要紧，加州一年四季都是艳阳天。”可是头年冬天就下了大雨，我不得不花七百美元堵房顶的漏洞。今年冬天，雨下得更猛了，好像收集起所有我为罗芒流下的眼泪，来一次大发泄。然而过去的七个月里我并没有流过泪。我的眼睛因工作过度像火燎的一般燥热，我的殿部因坐得过久像是长了坐疮，我的背因躺在床上无休止地梦幻而疼痛。

## 十四

活着就是要拼命地朝相反的方向想。

我们在洛杉矶的头一个夏天可真称得上炎热。一连五天，像是困在个监狱里透不过气来。没有钱花，银行说外州银行支票不可以立即取现金。这下好啦，全家人要靠我口袋里仅有的五十美元糊口。

我为什么舍弃夏威夷的天堂，硬要住进洛杉矶的烟雾浊气里呢？我想大概是人的逆反欲望。公寓前马路上车辆昼夜不息，我不敢打开窗子。傍晚的时候，我将后门开个缝，探出脑袋看看尘埃弥布的天空，我发现巴掌大的水泥后院里有一颗中年模样的树，肩膀以下还长着绿枝叶，但脖子以上却披着一头乱麻似的白发，我敢肯定是烟和雾合作污染的功劳。谁叫那棵树逞能，削尖脑袋探出保护墙呢？白发苍苍，假如她是位中国教授，也会赢得些无知人们的敬重；然而在美国，成了人们急于掩盖的羞耻之色。我照照镜子，白头发竟然多得拔不完了。谁说拔一根便会长出一百根来？

公寓里没有家俱，一家人全睡在地毯上，可也觉得不错。记得我在中国农村受再教育的时候，三十几位女学生挤在一间茅草屋里过冬，全睡在铺着稻草的泥地上，一个个挤得像沙丁鱼，反而挺暖和的。我们都为第一次离家感到兴奋和恐惧，半夜里醒来，我能听见小李为想父母而哭泣，再看看闭着眼的伙伴们，小张咕噜着梦呓，小杨咯咯笑出了声，小苏在唱京剧，小马在打呼噜，小吴在咬牙…… 我当时一点也不怕，因为无论听到什么，它们总归是人的声音。又一辆车嚓地过去，两辆，三辆，五辆…… 被警车的警笛打断了。我为什么要数汽车呢？睡不着的时候最好是数跳门坎的山羊。

我已经是第六次上厕所了，今天晚上没有吃多少，究竟还需要起来多少次呢？十分钟后，我又去了一次厕所。前几次我在黑暗中进行的，害怕打灯会惊醒另一间屋里睡着的丈夫和孩子。这一次，我小心地关上厕所门，打开灯，仔细地看一下肚子里泄出的东西。天哪，所有吃的东西竟丝毫也没有变样：红色的蕃茄，绿色的黄瓜，白色的大米粒…… 我的消化系统完全失去了功能。我的排泄物一掉进马桶的水里马上就松散开，像是下到锅里的疏菜，连一点儿臭味也没有。有个古代笑话说，如果一个人放的庇不臭，他的死期便来临了。

我吓坏了，我到底害了什么病？ 已经病了六个星期了，至今不见好转。发病时，先嗓子痒，发温烧，接着轻微地咳嗽，然后越咳越厉害。管它呢，感冒受凉，来了走，走了来。可这次竟不走了。也许搬家时我过于劳累了，龙真是没用，来加州三个月以前，他老板一听说我在加州找到了工作，便解雇了他。他闲着也帮不上多少忙，每个他打的行李都要重打。尽管他比我有劲，却没有使劲的习惯。连条洗脸的毛巾也拧不干，一天到晚滴哒、滴哒。

夜晚我懒得拉窗帘，玻璃发灰白的时候我起来，开始给北京的姐姐打一封信。感到体弱，又躺了下去，再说我已被美国惯坏了，半跪在地毯上朝电脑里打字这种苦我已经受不了啦。

终于我可以从安利银行取钱了。 大约十点钟，我出去找辆合适的二手车。我不大会开车，我丈夫就更差了。不过，哪怕不吃饭我们也要先买一辆汽车，我们一定要会开车，在洛杉矶开车是生存的必需。

杨大夫来了，过去他是一位有名的中医大夫，现在变成了二手车倒买商。

"什么叫'salvaged'的车？"

"报废掉的车，也就是车损坏了百分之七十以上，超过了正常修理。有些车商把这种车从保险公司买来，大修一番，使其表面看起来像新车一样。但这种车在高速公路上容易失去平衡，造成车祸。我初到洛杉矶时，分文没有，也插手过这种生意，后来良心使我再不愿干这种骗人的事了。”

“不是碰见你，我准上了那位鲁先生的当。可他赖着不退我五十美元的买车押金。哎，听说他也是大陆来的，怎么这样昧着良心骗人呢？”

“请让我先看一下你这辆车原主的文件，我再签字。”

“你不是说你化了六千美元从原车主手里买的吗？为什么交易单上只写着四千九百美元呢？”

“嗯，我看看。啊，我把这里涂掉了，可那里露出了尾巴，就算你对了。 好吧， 我七千美元卖给你，要知道这包括了上税，登记各种费用。”

“和我们一起吃午饭吧？家常面条。”

“好啊，我已经吃腻了饭馆。”

“杨大夫，请问艾滋病有那些特征？”

“怎么？你有位朋友得了这种病？”

“不，你来之前我在看报纸，艾滋病好像是一种不治之症。”

“不是好像是，它就是嘛。”

杨大夫所描绘的每一种艾滋病征状都符合我的病情。 他走后，我关上门躺在卧室里，苦想。我怎么会得上这种病呢？是从普鲁斯吗？他曾经提到有位同性恋教授对他感兴趣，普鲁斯是个易受勾引的人。不，一定是我在达拉斯开会时遇到的那个讨厌鬼，我脱下衣裙时，他的阳具突然萎缩了。尽管如此，他爬到我身上，呆了一分钟，我敢肯定是他。太令人作呕了，他竟大言不惭地说，“真大， 是不是？” 不，不会是他，因为我们并没实质性的接触。会不会是菲利普，和我发生过关系的最后一个人？一位多么甜密的人，嘴里不住地念着，“过去三年里我怎么没有碰见你呢？” 不，不是他，艾滋病不会来得这么快。假如我真得了艾滋病，我一定把病毒传染给了他，一个扶养着五个孩子的好男人，我太对不起他了。

我死前该作些什么事呢？女儿才十一岁，龙还不会说英文，幸运的是过去的十二个多月里我和龙没有过房事，从没想到把性与爱情和道德分离开要付出这么高的代价。

我走下楼。

“上哪儿去？”龙在做饭，一天三顿，对个男人来说真是个不错的职业。

“我想试试车。”

我开动车，在停车场小转了两圈，便冲出了大门。窜上高速公路的时候，左右的车辆一齐鸣起喇叭，真是太危险了。不过，我总算开上了高速公路了，我自由了！我知道只要自己有胆量就准会开。两个月前我租车带全家人去看尼亚加拉大瀑布，那会儿不看，到了西海岸想看就不那么容易了。一路上，我毛病百出，先开进了单行道，向迎面急刹车的人们说了声对不起，后来又和一位退休老人开的大车碰了下头，车祸不大，美国信用卡公司只须赔四百七十美元，可我的胆被撞破了。现在我终于恢复了自己的胆量。

“龙，明天学开车行吗？”

他比以前更胆怯了，从水牛城回来的路上，我仅让他在无人的地方路上试了半个小时，便让警察当醉汉截住，罚了八十美元。

“我感觉不大好，过几天吧”

“好，你可以先坐在后边，看我开。”

## 十五

对一个濒死的人来说，白天还算好过，我可以拖着沉重的身子没事找事做。可黑夜却是长得叫人透不过气来，忧郁在将我的大脑凝结成铅球。

行走着的坟墓
麻木的乌烟瘴气
吐出毒信的长蛇
盘踞在
紧贴地面的
两半球内

鲜亮的蝴蝶结 焦草似的乱发

石碑的绿苔旁绕着白雏菊
脑壳里的豆腐
被压缩在紧合的真空里
两匹烈马怎能把那两半球拉开？

无限死亡的大铅球
在下沉
不是在水的海里
而是在坚实的地壳下——
冷的尘埃，烫的熔岩，黏糊糊的
原油，和消化不良的臭气
昏昏欲睡地往下沉溺……

第二天我觉得很弱，还没死，我的躯体已开始发僵了。

我不知道我是否还活着
这么大的惰性引力
再没有动的愿望
绝对的静止
死海上的一只船
没有饥饿的刀锋
没有空虚的感觉
一种陌生的死亡
吻我
用蛛网裹住我的腐体

我希望能仇恨某人
我希望能爱上某人
为什么我没有当罪犯的勇气
难道生就是为定泊在死海里？

风啊风，为了谁
你吹吹吹?!
请把我的血管切开

让我的生命再一次吼叫
流动

我的
生命麻木成
一袋沉甸的锯末
拳击手说他宁愿捶击沙袋
而不是我
也许我非得出钱请人
使我的僵尸摆动
一二
一二
一二三
……

我把自己胡划的东西看一遍，不由嘿嘿笑了起来，不错，入坟墓前还有点滑稽感。

## 十六

离正式在南加大任教还有一个月，这一个月里闲得让人成天胡思乱想。由于情绪阴暗，一切不痛快的记忆通通涌了上来。尽管有人把我视为自由精神的化身，到头来我还是落了个孤寂的女人。我又想起了生活中的那出危急，那天碰巧是一九八九年一个不幸的日子，美联邦情报局请我去，问我国内亲戚朋友来信中有没有什么可提供的情报。我告诉他们我父亲死了，三个月以来，我从未收到过一封家信。我同普鲁斯分手了，龙也签了我们的离婚书。

那时我已经咳嗽三个多星期了，一天海伦打电话来，说她检查出有肺病，大夫要求她所有的朋友都接受皮试检查，以防万一。我去了卫生所，检查结果是阳性。听说，美国肺病测试主要是针对中国移民的；没料到，从英国来的海伦竟把我的皮试阴性变成了阳性。不过，没什么可烦恼的，大夫说一旦阳性就阳性一辈子，再不需要皮试了，再说肺病早已是可治之症。

系里有位中国研究生在我面前又跳又闹，责问我为什么整天尾随她。你在哪儿？我一下糊涂了。这些日子四面楚歌，把我搞得焦头烂额，哪里还顾得上注意她呢？她言外之意指控我是同性恋。我的上帝，知识真是把人类抛进狗窝了。在中国时，我可以自由地和任何一女性拉手，中国女人喜欢拉手，甚至勾肩搭背。可后来到了英国，人们告诫我女人不可以在公开场合牵女人的手，但和男人挽臂拉手却是再正常不过的了。现在我连对女人看一眼也不敢。记得有一次和一位聪明的女人聊天，她说她妈妈上周来了个电话，說她这个月会爱上一个女人，我搞不清这到底是警告还是引诱的信号，明智地再不和她来往了。不管怎么说，在美国，高度的性敏感明显障碍了人与人之间的交际。

系主任又找我谈了次话，因为那位中国留学生控告我窃用了她的研究题目。她的是什么题目？东西方地狱比较。请她到地狱里去吧！　在博士考试的压力下，那位研究生有些神经错乱了，她一会儿诬蔑我从她书架上拿去了两本书，一会儿又来道歉，说书在家里找到了。真叫人啼笑不得，她那种迫害狂的心理快把我给逼疯了。

我回到家，看见厨房里有两只蟑螂。我的公寓看起来虽然新，却已经住满了蟑螂。生命突然向我揭示出它的毫无意义。在中国我努力学习，因为我相信我在为革命而学；在农村我不怕苦不怕累，因为我想信我在为人民做贡献；在武大我努力教学，因为我有自己的国家。现在一切都完了，乌托邦理想见鬼去了！有些曾为革命甘心情愿老老实实干工作的人，现在又在金钱拜物教面前五体投地。流言传来，说一切回国的人都要逐个审查反革命行为，包括思想，校园里已有了记黑名单的探子。三个月了，国内没来一封信。哪里有我的家？哪里是我的祖国？我的父亲在哪儿？父亲已经死了四个多月了。爸爸，请原谅你不孝的女儿。如果不是中了扎根农村干革命的魔，我怎么会不去看望病床上患癌症的奶奶呢？

除了机械地上课写文章以外，我整天瞪着双眼观察蟑螂。它们已在卧室的墙上爬来爬去了。我在客厅里走动时，总感到身后跟着一大群蟑螂，像是无声的老鼠。我在厨房做饭时，蟑螂便在旁边伺机抢碎渣。两个月前，我电话报告女房东，灭虫技师来了，可毒药无效用。没法，我只好自己发动起对蟑螂的战争，尤喜游击战，我每天半夜猛一打开灯，趁它们无法躲藏，用拖鞋猛打。可它们也太多了，打不完杀不绝。我慢慢地承认了自己的失败，甚至开始向蟑螂们妥协，羡慕他们的精神，最后我还竟动手为它们写了一首诗歌颂他们（就是我在全国宠物会议上背诵的那首）。我坐在马桶上，用手纸写完那首诗以后，上床想再睡一会儿，耳朵里塞上了棉球，手上有手套，脚上有袜子，以防蟑螂不谅解的袭击。大脑模糊的当儿，庄子悄声对我说，"你不是蟑螂，怎能知道蟑螂的一生不具有意义？"

可怕
不是
雷击碎的脑袋
不是电光划破的心
而是
一种不可救药的麻木
生出的毛毛虫
爬在厌倦生存的
肌体上

对呀，生存本身便具有意义。假如我不得不死去，我的丈夫和孩子一定要活得健康、美好。

我霍地从地板上爬起来，出去买一份中文的《世界日报》，到处打电话为龙找工作。很幸运，我们到了洛杉矶，这里的中国人不懂 ABC，一样能活下去。

我看见一个广告说买房子要比租公寓便宜。妙极了，我女儿和丈夫一定要从棺材似的公寓里搬出去。

我马上给经纪人打电话，是一位热情的上海人，姓王，他见面便劝我买一座五卧室的大房子。他的分析的确滴水不漏，句句在理。而我呢，轻信惯了，一下便敲定了。接着的日子里，我天天忙着签抵押贷款，买家俱，安排女儿入学，忙得不亦乐乎，全忘了自己快死了。不知什么时候，赖了两个多月不走的咳嗽也不翼而飞了。

我一搬进自己的房子里,便找保险经纪买下了二十万美元的人寿保险，如果死的那天我有幸钻到车轮下，我的家属可得四十万美金。多亏我不知道保险还要检查艾滋病，否则，我哪有胆量去买呢。体检结果到来时，我松了一大口气，原来并没有艾滋病，我已经完全甩掉了病魔，准备投入新的工作。

## 十七

“妈妈，又在做梦吗 ？”

“不，我在回忆往事。”

“我的生日快到了，你答应过我要请人看我的诗，并以妈妈出版社的名义为我出版的。你还打算为我出吗？”

“当然喽，把你的诗全部拿过来，我会请一位真正的诗人为你写个前言。”

女儿现在开始接替我了，上次我在纽约开会期间，她坚持要睡在我那挤满书报的“厕所”里的大床上。自从我停止写诗以后，她几乎天天写。傍晚散步时，她总爱靠我太近，像是个情人。

——离我远一点好不好？我需要呼吸。

——你为什么不能把我当成你的男朋友呢？

——我的男朋友？

——不。妈妈，还是你当我的男朋友。

——你们班上有男孩子喜欢你吗？

——有，不过，我不太喜欢他们。妈妈，你说的男人软弱，缺乏感情，蠢……

——我从没那样说过。

——但是，你是那样看我爸爸的。

我过去是那样吗？现在还那样吗？我想告诉玫他爸爸是一个了不起的男子，一个充满爱心的人，一个勤劳勇敢的人，是世界上难找的可靠好男人，然而我知道玫不会相信我。假如一生都在谎言中长大是难于相信真面貌的。

我是怎样认识龙的？

有点乌托邦田原风味，麦浪扑打着田岸，蜜蜂蝴蝶在怒放的油菜花里捉迷藏，六位还乡的大学毕业生在割麦子。

“喂，云，你看龙，他不时地朝你傻看。”

“喂——龙！好好干，甭割了手指头。”

六位毕业生中只有我和龙尚未结婚。

月亮像把镰刀，我到塘边去洗衣服，龙也在那儿。

“我帮你端盆吧。”

他平时害羞得像个大姑娘，我几乎是第一次听到他的声音，难于拒绝。

他把我的衣服一件件凉在院子里的绳上。

第二天是星期天，已婚青年全回家了。

我俩单独留在宿舍里。半上午，他也不见了，晚上他回来时给我带来了红桃、黄杏、还有束白丁香花，说他家住在十五里远的一个村庄里。我有点感动，以前还没有人对我这么关心过。姜伟留在我心灵的爱情创伤又痛起来，夜里我给冯青回信，答应和他结婚了；但是一个星期以后，他回信说一个月前我拒绝他后，他痛不欲生，为避免精神失常，便和他先前拒绝过的那位姑娘结婚了。这就是命！

又一个假期到了，龙邀我到他村里去看看。 按照当地的风俗，如果去了便意味着我默认了正式的关系。我跟他去了，和其他村民比较起来，他家显得格外穷，别人家的房子起码是茅草的，而他家的却是稻草的，每次雨后便要补修。人们都知道我是大干部的女儿，起码也算得上县委书记的女儿。我家的特殊地位使一些年青人不敢追求，而龙勇于爱上我自然使他鹤立鸡群了。

那时候我在爱情和事业上都受到了挫折，大学毕业时师生一致推荐我留校， 可是学朝农的文件一下， 大家都要社来社往了。我是大别山区来的知识青年，便回到了大别山。我当时也算个有志青年，不愿浪费青春。既然不能传授所学到的英文，我便放弃工资，自愿到农村去教农民学文化。龙支持我的选择，他说，“现在你可以挣工分养活自己；将来老了，干不动了，我养活你。” 他分配在县高中当老师，我深为他的单纯、老实所感动。我想起了姜伟，怀疑他与我分手的理由不是真的，真正的原因是我必须社来社去，而他却是武汉市警备区的排长。

我为龙写了几首诗，他回了两首，挺新鲜的。我开始喜欢他了，尽管不算很聪明，他也是没雕过的木头，保存着原本的朴实。在农村那些艰苦的日子里，我白天在地里干活，晚上教农民读书识字，一日三餐常吃白饭。龙每个周末步行十几里从县城来看我，总带些萝卜白菜之类。夜深人静时，他会坐在我身边，抚摸着我冻伤的手。他第一次吻我的那个夜晚我哭了，初次尝受到结婚的欲望和干革命的决心之间的撕扯。

一天夜里，我梦见一个老太婆来看我，她问我是不是还想学习，我急切地说，“想啊，特别是英语，我大学的专业是英语，我喜欢英语，可是不知道怎样用英语来为人民服务。” 老太婆没有吭声，消逝了。

三天以后，上面通知我到县城去检查身体。后来，才听说是国家教育部决定送我到英国去留学。离开大别山的那一天，龙显得很伤心，他梦见我变成一只小白兔跑了，他怎么也追不上。他的同事和朋友们都劝他知趣点，找个本地的对象算了。可他不听，报名到西藏去教了两年书。姜伟听说我出国的消息时，来了封信，暗示我们可以合好，我马上回信告诉他我不会抛弃龙的，因为在我当农民的时候，他爱我，并支持了我的理想。

不管怎么说，我和龙的关系成为折磨我的烦恼，因为我对他并没有产生过强烈的爱情，我们似乎没有多少共同语言，除了我对他品性的赞赏，我们之间缺乏一种密切的联系。我内心里挣扎着挣扎着，从英国回来后终于提出和他决裂。然而，当我看到他受打击后的惨状——他的头颤动得像是宾努首相，我的心软了。如果毁掉一个好人，自己的一生也不会幸福的。再三掂量龙的高贵品格，我签了结婚证。

## 十八

不出所料，我们的婚姻打一开始便是痛苦的。 我们无话可说，他再也没有写过诗，他那两首看起来新鲜或许是因为他毕生从不读诗，没有受到过他人诗句的影响。玫目睹了我十余年来的痛苦，我并没有撒谎。不过，既然我是自选的苦果，我总得设法使自己咽得舒服点。

我的大脑伸向模糊的未来。

“先生女士们，

今天我们特邀请于云，从地球来的一位杰出女性，给我们大家谈谈她的婚姻生活观。让我们大家鼓掌欢迎。”

掌声。

“嗯，今天我要讲的完全不是书本上来的，而是我自己的亲身体验。”

热烈掌声。

“假如你想要一个自由而又靠得住的婚姻，请千万不要同自己爱得要死不活的人结婚。 婚姻只是携手共渡人生的一种方式，我和龙经过多年的摸索才发现，婚姻或家庭，应像四川边陲的摩梭衣社千百年来实践的那样，对于个人生活，诸如性爱，政治立场和事业心之类，不具有任何强制性的权威。你也许认为它主要是一种经济合作形式，实际上，就是的。但并不等于夫妇的钱合二而一，每一个人都需要有自己的银行存款折，是一种保持经济自由的精神象征。在和协的互助中，我付房租，我的丈夫买食品，这个星期我给玫五十美元，下个星期他给她二十美元，我们从未因金钱争过嘴。我有许多男朋友，而我丈夫却没有一个女朋友。我曾劝他交两个女朋友，告诉他一辈子只接触一个躯体， 和一个人亲密也未免太单调了。 他笑着回答说，‘这是我的个人选择。’

我们夫妇之间的平等正是体现在个人选择的平等权利上。经过漫长曲折的道路，我们才能像今天这样心胸开阔，宽容他人。但是我们终归胜利了。现在我仍不爱我的丈夫，因为爱是一种禁锢，正因为我不爱他，我心中的野火在这个世界上伸延到了四面八方， 燃起了无数个人的爱情。有时候，我也为自己的丈夫感到遗憾，他爱我，他的爱截断了他同其他一切女人的联系。假如我们的婚姻是一场错误，是他的错，而不是我的。上星期在我们结婚三十周年的宴会上，我还告诉他，什么时候你想离婚都行。我们的婚姻不算幸福，但也算过得去。每逢我晋职加薪，有所成就的时候，我容易招惹更多的异性朋友，我容易忘掉他，甚至厌恶他。但是，当我生病或失意倒霉的时候，我知道自己会落在床垫上，而不是硬石头上。”

全场哄笑，雷鸣般的掌声。

大约六个月以后，那个星球给我送来了一枚奖章—— 一种他们星球上的诺贝尔奖。所附的感谢信上说，听了我的讲演后，他们的离婚率已降低了百分之三十。

## 十九

一高兴，我又清醒了过来。

“玫，你在干什么？你不是让我看你的诗吗？”

“来了，我在改一首怕你看了会不愉快的诗。”

“就把那首念给我听听。”

自由是个人  
假若  
个人意味着自私  
那么  
自由就是你  
为什么  
不能是我们？

因为
你偷袭，你侵略，你占领
直到我分裂，消逝
变成你的复制品
不过
我也很自私
我们俩永远不能并立
除非我与你平等

我心里一阵轻松感，"玫，我为你感到高兴，你已经长大了，是你自己了。"

你说得对，玫。我的一生的确很自私，你五岁以前，当你最需要妈妈怀抱的时候，我为了事业心，把你扔给你奶奶、姨姨、爸爸。记得我到上海进修去的那天，你死命地扼住我，叫我坏妈妈。

她仅三岁
小手扼着我的喉咙
像只金项链
不过锁得太紧

越来越紧
我不得不打她的屁股
她拒绝放我走
我用指甲掐她的嫩肤
如刺一般
她猛地松开婴儿锁链
乌黑的眼睛
汪汪的泪水
她抗议道：
"坏妈妈，人们都说你是的！"
转身同姨姨离去，像个示威者
一枚猩红的印记

烙在我的业务心上。

“妈妈，我爱你，我为能有你这样的妈妈作榜样而感到骄傲。不过，我觉得自己现在应该独立了。”

“对，你该展开自己的翅膀飞翔了。”

“妈妈，晚安。”

“晚安，玫。”

## 二十

排泄那么多之后，我的身体有一种净化感，我的心变得柔软，世界亦呈现出玫瑰色。爱就是美，生存就是意义。

世界给我的第一个印象是绿的田野，金色的太阳，爸爸用一根扁担两只竹筐，一头挑着姐姐，一头挑着我。妈妈骑在一头小毛驴上，人人都在欢笑。我和姐姐随着竹筐飞上飞下，像打秋千一样。天色晚了，月儿升起，四野显得格外神秘。

月儿弯弯
豆儿尖尖
悠上荡下
抢飞入关

我生命的一大部分是符合那句口头禅的，“生在新中国，长在红旗下”。我一九五七年上小学，一天在育英学校寄宿的姐姐回来悄悄地对我说，“在西方，法律面前人人平等，大人没有权力打小孩子。” 我瘦小的身子颤动着像是根风中的芦苇，虽然不知道西方在哪儿，我写了我的第一张大字报。

> 爸爸给了我五分钱，让我去打醋。我跑得飞快，到商店才发现口袋有个洞，五分钱不见了，爸爸打了我一顿。打倒军阀作风！

两年后，一个夏天的下午，爸爸朝我哼唧了两句，声音低得像蚊子。

“什么？”我问。

他又哼唧一遍。

“什么？”

“你的耳朵呢？”他扇了我的脸。

太矮了，够不着他的脸，我扇了他鼓出的大肚皮。他踢我，我大声喊道：“给我腿上留下个伤疤更好，我一看见伤疤便会憎恨你，像长工恨地主那样。”

作为一位亲手把地主阶级推翻在地的勇士， 我父亲被我的比喻激怒了，找了个大棍子，把我打得青一块紫一块。吃晚饭时，他还给全家人讲了个笑话。

“一天有位主人想撑蚊帐过夏天，让他的佣人去买竹杆。一个小时以后，佣人掂着篮子回来了，让主人看他买的猪肝。”

“你的耳朵呢？”主人问。

“在这儿。”佣人慌忙从他的兜里把藏着的猪耳朵掏了出来。“老爷，你怎么知道我还买了耳朵呢？”

全家人都大笑起来，不过我拒绝原谅他，不管他多么会油嘴滑舌。很快，我在县里成了有名的“敢打县长的小姐”。不久，我父亲停止打孩子了，因为我弟弟妹妹们都学会了还手。

一九五八年的一天，我指着墙上的三个大字问哥哥是什么意思，他一个箭步冲上前，翻了个大跟头，边翻边喊：“大——跃——进！”很快我们家砸了锅，到人民食堂排队吃饭。我终于得一机会去深刻领会为什么《雾都孤儿》里的奥利佛要再多加点饭。我喜欢打苍蝇麻雀之类的除四害讲卫生运动，杜大叔手拿放大镜在干粪里面找蝇蛹的可笑场面，还时常浮现在我面前。他没找到蛹，掏出五角钱要从我的小盒子里买去二十个，我才不干呢，因为我已经向老师保证过第二天要上交五十个。我太爱吃哥哥做的麻雀肉炖豆腐了。 不过，后来他告诉我，因为鸟类都被打死了，蝗虫泛滥成灾，庄稼受到了很大的损失。第二年，粮食不够吃，于是我们吃各种瓜菜树皮。记得已经入秋了，杨树还在努青鸦嘴。我们忘掉了肉味儿，不过不吃肉更强壮，听说所有的肉，包括猪尾巴都运到苏联还债去了。苏联人比我们穷得多，在我们演的一出闹剧中，他们只吃星星月亮。

怎能把文化大革命光看成可怕的洪水猛兽呢？对年青人来说也是个千载难逢的好机会。不花一分钱，我们乘车坐船，跑遍了整个中国。我姐姐打回她的母校武大附中，面对面地质问她的校长为什么要给我父母写黑信。不上课了，不考试了，我们跳啊唱啊，每天都兴奋地像过节一样。现在虽然落得错别字连篇，连封信也写不好，我们却也学到了许多书本上学不到的东西。

我离家下农村的那天母亲为什么要哭呢？我知道自己生来身子单薄，第一次担挑子，不到四十斤重，我便被压得脸变了色。农场把我送到公社医院，护士连我的脉搏也找不到，诊断结果是“资产阶级小姐”。然而三年的农村劳动把我摔打成了一匹壮马，离开农场前的那次秋收中，我比农场任何人都挑得稻捆多，当我最后一次沿吱吱乱叫的木梯爬上谷垛顶，我手持两头顶的冲担，望着垛下坐着呼呼喘气的年青小伙子，不由地心花怒放，“时代不同了，男女都一样，凡是男同志能办到的事，女同志也能办到。”

我挺留恋开门办学那些日子的。在洛阳东方红拖拉机厂，我第一次看到一个工人会一天到晚一年到头地站在流水作业线的某一地点，拧螺丝；作一个革命机器的螺丝钉是要付出代价的。直到现在每当我想卖弄自己的英语词汇量，我便考问一位美国人，“你知道‘泡桐’这个词吗？”哈哈，你不知道。我还是开门办学时学的，我住的那个村庄周围全是泡桐树。

你认为我会因对现代化中受害的一些妇女儿童感情用事，而反对中国目前的改革吗？你要那样想就大错特错了。一个时期，中国似乎被清教净化成了潭蒸馏水，人民被圈进无知的童年，改革总算扒开了潭堤，把整个中华民族带进有无限生命力的公海。振奋人心，大有希望，生活如爱情，本来就是一种探险，大乱出大治。

有些人，提起中国，好像是在描绘一个地狱。而中国对于我个人却是一个永恒的归宿。我爱中国，爱她的过去、现在和将来。

## 二十一

为什么你不回中国去呢？好问题。如果你看过亨利·詹姆斯的小说《一位小姐的画像》，理解为什么伊莎贝尔选择同奥斯蒙德结婚，世界上就不再有谜语了。

一天我去洛杉矶移民局询问，需要多久我才能成为一名美国公民。“六年？为什么那么长？” 那位年青的工作人员从眼镜框上看看我，做了个滑稽笑脸说：“是心理适应的需要。” 也许他是在同我开玩笑，可我却对他的话格外认真。在美国这几年我一直存有自卑感，在中国每一个公民都习惯用扼杀自我的方式上升到国家主人的高度， 而在美国却没有国家主人之说，每一个公民都应是自我的主人。我那时并没有醒悟到这一点。我迫不及待地要申请加入美国籍，就是为了医治因失去国家主人地位而造成的心理病态。 也许在文化教育方面， 我比一些美国人具有优越感，然而在实际生活中我觉得比所有的美国人，不管年龄、性别和肤色，都低一头。我走出移民局大楼，看见一位黑人妇女对着我指手划脚地叫喊，原来是我停车不好，挡住了她的出路。我十分卑下地向她道歉，像是位小老婆得罪了大主人，可她并不息怒，反而叫得更凶。我终于捺不住了，“我屄你！” 她先一怔，接着大笑起来，挺友好的。你看，美国人真能教会女人如何屄。我和那位妇女站在一起，聊了半天，她听说我有个十来岁的女儿，马上说她在科文纳文化中心教现代舞，“把你的女儿送到那儿，我教她扭屁股。”

## 二十二

今天晚上我为什么觉得世界这么美好？我快死了吗？此时此刻，我的爱在朝四面八方括散，我变成了阿巴那的爱德华。我似乎还在等谁，是罗芒吗？也许是。

也许雄鹰的状况不佳
也许海鸥又飞走了
也许企鹅在躲避着想像中的死亡

也许天鹅不再回访大地
也许大口洞开的蜻蛙在期待着
又一串雨珠
也许含羞草被触摸得过多
而失去了敏感
也许簿公英该脱去她幼稚的白絮
变成真正的秃顶女高音歌手了
也许这是大海中的最后一个航标
灯光熄灭时心也没有了……

啊，我爱罗芒，我爱西蒙，我爱爱德华，我爱马利奥斯，我爱鲍布，我爱孙建，我爱托尼，我爱普鲁斯和凯伦，我爱德莱尔和马娄，我爱菲利普，我爱我爸爸、大叔和二叔…… 尽管我和孟浩是竞争对手，我也爱他。我必须重申我和孟浩过去的爱情，并不仅仅是一种政治行为。

门上了，百叶窗下了
锁进无隙的幽闭恐怖
当天地合一时
在太阳和月亮的交切点
眼睛斜滑下去
手指摸索上来
暮幻喷泻而出
从蓝黑色的海空
跃出一个庞大的鲸婴
猛扑进怀内
吮吸亚马孙悍妇的独乳峰
我手指轻弹他抽动着的尾巴
尿布湿了
原来不是鲸而是一只企鹅
黑色的燕尾服下
那同样的湿白
触动了双方的惊喜神经

我爱所有对人类无害的性吸引。

无意中他看了下我，我看了下他
仿佛是一见钟情
一种说不出的东西开始交流
我有意扭过去
但好奇把我揪转时
他的目光仍凝视着我
我的心通通跳起
忙钻进已婚的保护伞下
然而随着美男鱼的悦曲
我的躯体不可抗拒地融化
再没有什么比情欲荡漾的大海
更能引诱人
我爱他那张写满“爱”字的面孔
满布的皱纹里散放出深情
他喜欢阅读，读得过多
渐长的知识深犁了头额
我一向厌恶秃顶
而这时我的目钉却难于拔去

我害怕毛烘烘的胸腔
而他那裸露的四肢覆盖着久旱的黄草
激起了我摸的渴望
不管它有多么扎手
他的眼睛却暴露出一种更强烈的爱欲

我和他截然不同，我们的肤色、头发、声音、语言。然而，正是这种不同把我们吸引在一起。可是，不同也是一个可怕的魔鬼，我们双方痛苦地躲避着。

我们俩一时吸引一时排斥地过了三个星期。 当我一人的时候，我像巫婆一样念叨他的名字，我能肯定他听到了，因为我听到了他的心唤。分手时，我们知道此生再没有见面的机会，而在记忆中他已属于我，如我属于他—— 一种梦幻用爱和痛苦的针尖挑逗着生活。

也许你以为我爱一切男人爱得不分良莠了。 实际上我是个很挑剔的女人。当我爱上一个人，我爱他的语言。我的情人只能是诗人，他会以文字游戏激起我的性亢奋。那时一切的常规、道德全消失了，我和他如阴阳鸟扭为一体，用最原始的话语肆意作乐。我的爱需要情人付出一定的代价或责任，我的情人是正在培养中的阅稿人。一旦他看见了我文明衣冠隐蔽下的躯体，他要义不容辞地读我写的文字。达不到一定生活的语言，炮轰也拨不动我狂爱的神经（我们交流的语言可以是不同的，我喜爱不同）。

一旦读遍了我的肉体，你必须读透我的语言，我痛恨那种只对肉肤的透明有兴趣的男人。

对于多数人，越遭到阻碍，越会产生深的爱情。 对于我来说，爱永远是原始的，个人的。我不希望有偷情的贼眼，却喜欢在黑夜大海般的自由里作爱；没有此时此刻的自由感，我无法劈开僵硬的双腿。

我是一匹拉车的烈马，总朝着两个不同的方向使劲，我的前蹄向上爬，我的后蹄却向下滑。我是一棵树，枝叶伸向天空，根却插向地心。

谁说我是阴，一种被动的玩物？不，那不是我，从来没见过谁比我还主动。 男人被异性吸引所威胁， 他因嫉妒心毁灭对方，犹如北齐的浪荡皇帝高阳，他砍去薛妓的脑袋，肢解了她，然后用她的大腿作琵琶来抒发对她的爱情。我从来没有杀过异性，我只是从一个走向另一个。

也许我排泄得太厉害了， 几张纸上除了黄色的泪痕和红色的血斑，什么也看不清。 我好像彻底被净化了，然而净化却不一定是件好事。俗语说，水至清则无鱼，人至全则无友。我是不是已经接近透明了？ 我是不是被净化成了一朵凤鸟花， 眼望着天堂却飞不起来？

虽然我有翅膀，
虽然我能飞翔，
比麻雀窜得高，
差点溜出视野。
一条无形的绳线，
把我同大地牵连，
哪怕凌云如鹰，
不过是只……

## 二十三

我从床上起来，淋了个浴，把自己裹进一条光彩夺目的五色丝绸长袍里。我又躺下，我的意识又模糊了起来。在夕阳下，我爬上飞机大楼，开封师院最高的一座建筑，一位学生为抗议拆除民主墙而从那儿跳楼自杀了。我蹑手蹑脚地爬到楼顶端的塔尖平台上，高高地举起双臂，宽大的彩袖伴着飘带一起飞起。我摆了个舞台造型：像一只鸟，我俯瞰着整个洛杉矶。自由高速公路上的汽车，像是星光闪烁的银河。渐渐地，他们成了北京的各种车辆混杂的汪洋大海，海中岛屿上男女老少都在农贸市场讨价还价。突然间，来了个海洋世界最大的杀气腾腾的海豚沙姆，还有专寻报复的白鲸，数不清的星鱼、海龟、小鱼宝宝，诱人的红珊瑚和纠缠不休的绿海藻。我凭借着一股强大的游泳欲望冲动，一下跳进了空气的蓝海。我的彩袍被风剥落了，我的裸体变得轻盈透明。我看到下面的人都在笑，用手指着我，"快看，云中君！"我听到天籁音乐响起，屈原正在排演《九歌》：

安居云间啊宫殿，可与日月啊争光。
驾龙车披彩帝衣，翱翔游宇宙四方。[9]

---

[9] 《九歌》原文：謇将憺兮寿宫，与日月兮齐光；
龙驾兮帝服，聊翱游兮周章。

穿过层层彩云，我最终撞到地面上，四肢猛一蹬，醒了，发现自己依然躺在床上。我觉得很饿，一定只剩下三根筋挑着一个头了。饭，饭——。又是中国人的老习惯，一个人要到另一世界之前，一定要饱餐一顿。你想吃什么？托提拉玉米片、墨西哥卷饼、比萨、热狗、麦当劳的奶酪汉堡包、鲑鱼、虹鳟、火鸡…… 你真的不想吃点中国饭吗？我吃了一辈子中国饭，一定要装满不同的东西再走。

现在我看着面前一大堆想吃的东西，里边有个棕黄色的梨把我逗笑了。两个多月前，我为逸韵和山姆的订婚晚会特送去一篮甜梨。我送梨是费了一番苦心的，这份礼什么时候也不可能破坏我的心理平衡。我对逸韵和山姆感觉好时，我便用英文思考，把我的礼物梨“pear”和英文同音词“pair”（双对）联一起，给他们永世成双成对的良好祝愿。对他们感觉不好时，我便用中文思考，叫我的礼物“离”，暗咒他们早日分离。东方——西方。梨——离，梨——双对；分离——成双对，成双对——分离……

我继续看着那堆食物的花色样品——看即读，读即吃。我吃啊吃啊，直到打饱嗝才住嘴。我闭上眼睛，听见玫在哭。不要哭，我还没死呢。明天我教你首中国民歌吧，好听极了。

几滴水掉在我的脸上。是不是房顶又漏了？怎么回事，闻起来有点像龙？龙落泪了吗？他在贴近我，越来越近，我能看见他抽动着的嘴唇了。你还知道如何亲吻吗？打结婚的那天起，我们已经十三年没接过吻了。我突然有一种吻的欲望，不过今天我太累了，我明天吻你……

The Wings of Imagination 想像的翅膀

When the lines end, the wings of imagination spread
当墨写的字行停止时，想像的翅膀四方翱翔

## About the Author

Edna Wu is the known author of *Clouds & Rain: A China-to-America Memoir*, *Two Eves in the Garden of Eden & A Male Mother*, and *A Single-Winged Bird*. Since *Clouds and Rain*'s first publication in 1994, despite its limited circulation, many readers have enjoyed it and some scholars have critiqued it in their papers, dissertations, and classrooms. Her writings are fresh, full of daring imagination. She explores the enigmatic nature of love, sex, and relationships; and experiments with a narrative style that blends prose and lyrics to reflect the aesthetic beauty of life. Her major academic and translation publications include *Female Rule in Chinese and English Literary Utopias* (A 1996 CHOICE Outstanding Academic Book), *A Dream of Glory (Fanhua meng): A Chuanqi Play by Wang Yun, A Novel about the Chinese People's Liberation Army: The Third Eye*, and *The Remote Country of Women.*

逸韵（武庆云）是《云雨情：中国到美国回忆录》，《伊甸园里俩夏娃，男妈妈》，和《单翼鸟》的著名作者。英文版《云雨情》于 1994 年在美国出版后，很多著名大学图书馆都有收藏，不少读者和学者对此书进行了研究和探讨。逸韵在此书探索了男女之间的情爱与性的演变，她写作风格独特新颖，想像大胆，诗歌散文应用自如。逸韵是美国加州州立大学的中文教授，主要学术与翻译著作有：《中英乌托邦文学中的女权统治》（1996 年《选择》杂志杰出学术著作），《繁华梦：王筠传奇》，《第三只眼》，《远方有个女儿国》等。

Hardcover
ISBN-10: 1632270617
ISBN-13: 978-1-63227-061-0
Published by *New World Poetry*
Alhambra, California, USA
To order copies: nworldedit@hotmail.com
新大陆丛书 No. 36
www.newworldpoetry.com

www.ingramcontent.com/pod-product-compliance
Lightning Source LLC
Chambersburg PA
CBHW021050090426
42738CB00006B/264

* 9 7 8 1 6 3 2 2 7 0 5 7 3 *